監控危險心靈

唐珮玲 著

推薦序

勇敢走下去

司法所代表的正義，常常是國人期待的最後一道防線，司法人員頂著這樣高的期許，肩頭的責任自是無比重大，無數司法人員終日埋首案牘，在卷宗堆裏翻山越嶺，試圖找出百思不得其解的線索，只求發現隱藏在層層細節後的真相，還給案件當事人應有的正義。

自從我擔任檢察官後，我就明瞭檢察官的責任至深且鉅，但當我接觸了觀護人，才感受到觀護工作的身心壓力真是不亞於檢察官，觀護人不但時時要面對受保護管束人，而且有時遭遇情緒激動的家屬冷言冷語甚至辱罵。然而，勇敢的觀護人，仍然堅守法律界線，極盡一切力量避免再有被害人的出現。若說這本書帶給法律人什麼啟發？那就是身為一個司法人員，面對問題、解決困難，絕對不能心虛膽怯，要勇敢地走下去。

這本書除了讓讀者看見勇敢的觀護人之外，其實也述說了許多歷經艱辛困難的受保護管束人與家屬，這些受保護管束人遇到許多我們所無法想像的內心掙扎，願意改走正確的人生道路、選擇了勇敢走下去。其中一位我多次去看望她的大姐頭，我看著她從曾經呼風喚雨的大姐頭變成揮汗如雨的大廚，做出一道道美味的會客菜，鼓勵其他受刑人勇敢走下去，無論是從任何角度來看，都令人動容不已，這可以說是柔性司法的最佳典範。

這過程讓我看見唐觀護人與大姐頭之間、大姐頭與家人之間、大姐頭與其他更生受保護管束人之間，所展現人與人之間真摯的情感，令人難以忘懷。大姐頭的更生路，是最成功的蛻變，促使她蛻變的卻是一位觀護人突破桎梏、超越公務員的職掌，改變了一個人的一生，甚至，改變一整個家族的未來！一方面彌補與上一代的隔閡、一方面修補與下一代的關係、還與手足共同合作。

不只女性受保護管束人受到觀護人的感召走向正途，就連在外拿槍拼比的男性受保護管束人，好勇鬥狠之氣也在觀護人面前變得柔和順服。觀護人並非靠著雙手雙拳壓制受保護管束人，生冷的法條規章亦不足以令人心悅誠服，是觀護人勇敢的心靈力量，協助受保護管束人重新找到自己的人生方向。一句真心誠意的：「老師好」，或許就是最普通，卻也最感人的一語了。

人，誰不曾迷惘過？受保護管束人或許選擇錯誤、或許資源不足、或許生活偏差、或許環境使然，使得他們走偏了那麼遠的路，以至於自己、家庭、社會、國家都付出鉅大的成本，錯誤已經造成，必須付出代價，但，幸好在受保護管束人生命的某一段，有明燈出現，引領照亮著他們走向更正確的人生道路。

推薦本書是因為在掙扎的人生苦海中，書中字字不時閃爍著勇氣的光芒。您我都會有機緣以一己之力，成為他人的明燈，引領他人，勇敢迎向美好人生。

法務部 部長 蔡清祥

自序

獻給苦練／楝

首先，謝謝你願意翻開這本書。

其次，我得解釋。

因為不管是哪種專業背景的讀者，甚至是出版社一開始也很疑惑，都問我一樣的問題：「為什麼想寫觀護人的書？」出第一本《我是你的觀護人》單純是想把我在受保護管束人身上看見的光與闇、感受到的心酸與勇敢，傳達出來。原本我只想隱身在他們的生命背後，做一個「說故事的人」就好，但考慮到讀者會不明白前因後果，必須得介紹這個沒有知名度、但我覺得很有意義的工作，所以不得不現身說法，其實滿心都是忐忑不安。但出書之後，收到許多回饋，我更驚覺世界上真正了解觀護人在做什麼的人好少，至少在比例上，好少好少，大多數的人知道法官、檢察官、警察在做什麼，但不知道觀護人在做什麼。為什麼說是世界上而不是我國呢？因為《我是你的觀護人》翻譯成韓文、賣去韓國了，那表示韓國人也很想知道觀護人在做什麼，他們也有觀護制度，跟我國也有許多接近之處，包括對性侵犯的科技監控。

觀護人這工作沒有知名度，我更沒有，出書也沒有賺大錢，但卻出現了我所無法想像的遠景，《我是你的觀護人》這本書創造了許多機緣，更多司法界、醫界、護理界、社工界、警界、許多過去未曾接觸的ＮＧＯ團體、許多專業人士與志願服務人士，一雙雙熱情的眼睛看著我、一雙雙懇切的手掌鼓舞著我，因為書，他們想認識觀護人、想認識我。最使我感動的是，有讀者私下告訴我，他一開始用自己是被害人家屬想找碴的心情翻開這本書，想找到指責觀護人是犯罪者幫凶的內容，最後卻數度哽咽，自此成為我與觀護制度最堅定的支持者；甚至，有勞心勞力的醫務工作者，經常在睡前躺在床上看我的書，竟數度抱著書哭著入睡，此後卻數度哭醒又數度再讀，從中湧現再繼續努力的勇氣！這位讀者希望我知道，她並沒有因為「我是你的觀護人」而想轉行，反而絕不轉行，因為她覺得這是一股暖泉，鼓舞了其他「助人工作者」的熱情，也因此萌生堅持下去的毅力。我雖不捨她的淚眼，卻也深知這是所有理念者必然必經的路，在拭淚之後，勇敢地踏著雙腳走到遙遠的志向之地。

因為《我是你的觀護人》這本書，接獲相關的演講邀約後，有不少事業有成的社會各界人士告訴我，他們想試著加入觀護志工的行列；更有完全不同領域的年輕朋友，看了書之後一直尋找如何轉行去當觀護人的方法！我從來沒想過自己的書可能改變另一個人的人生規劃，更從來沒想到有多少在人生路上踟躕掙扎的獨行人，突然看見人生苦處的不只有自己，由衷而生的共鳴，伴隨著溫暖、安慰、心酸，那是一種「沒有人是一座孤島」的穩定力量，使我們不再感到孤寂，願意繼續活下去、努力下去！

第二本書，也是一樣單純的希望傳達我所看見、所感受到受保護管束人的人生光闇，所以我也跟第一本書一樣，不會回答、不會承認，也不會否認關於書裏所有主角的真實身份，也請大家尊重他們希望收拾過去人生的錯誤，重新開始的機會，讓書中的主角可以真正的更生，除非他本人公開自己的身份，否則請不要試圖查證或替他們對號入座。每一個真實的人生故事都充滿斑斑血淚，為了保護書中的主角與被害人，我會略為修改案情與職業等指認的標記，主角也並非是每一篇特定一位，畢竟這本書並不是具有工作責信或法定證據能力的「案件紀要」，而是讓大家能透過我的雙眼，重新經歷一個觀護人陪著許多受保護管束人走過痛苦、快樂、悲傷、沮喪等等的心路歷程。這些過程可能讓你覺得不夠戲劇化、也可能覺得太驚聳可怕，但，真實的世界本來就沒有劇本可以演、更沒有正確答案可以抄，而深陷大量案件中的觀護人並不厲害也不具有改變人生的魔力，在環繞著苦楝樹之處上班的我，也就只是一個觀護人而已！不時出錯、經常失敗、總感挫折、永遠疲憊，每日都在苦楝、苦練著，只有在偶爾苦楝花季之時，滿樹淡紫微小的花朵才會傳來苦楝的柔雅芬芳，金黃小巧的掉落不小心打到頭上時，才會感受到苦楝的果實，那苦味的果實其實是重要的先人藥方，良藥苦口地驅逐蠶食身體的害蟲。或許，就是苦楝一直在指導我，身為觀護人、不，身為一個人，必須苦練的人生。

最後，希望我的文字與他們的人生故事，能化做不苦的良藥，更傳達給你苦楝的芬芳。

獻給你、
獻給我所認識與不認識的你、
獻給每一個苦練著的人生。

目錄

01 臍帶

「跪下！」

碰咚一聲，雙膝應聲跪地，伴隨鼻涕眼淚哽咽的聲音迴盪在原本靜悄悄的地檢署一樓大廳，崩裂破碎的那一聲「媽……」是我畢生至今所聽過最悲苦的吶喊，連一旁的法警，都忍不住紛紛探頭出來看發生什麼事。隔著一步的距離，我參與其中，卻又冷眼旁觀，因為，那一聲「跪下！」是我吼出來的。

時光倒轉到五年前一開始接這個案子的時候，我忐忑不安……，殺人、強盜、強姦結合犯，無期徒刑假釋出獄，保護管束十年。別說是當時只能算中生代的我沒見過，就連老鳥也不常見到這麼重的案子。同事交接給我前，她已經執行了好幾年，她帶著一抹意味深長的微笑，叫我去拿推車，我心想「才一卷欸，拿什麼推車？」

等我見到那厚厚的卷宗，才知道同事真的是好心叫我拿推車！因為卷宗厚到沒有辦法用兩手環抱，重到更是兩手抱不動，光是把卷宗放上推車，我已腰疼、手腕痛，額頭滿是汗。不知是卷的重量？還是知道他人生的重量？亦或是一切錯綜複雜關係的重量，讓人如此沉重？關於他，我什麼都還不知道。但是，從那天起，我卻必須負起他所有法律相關議題的重量，難聽話就是——他作姦犯科出了啥鳥事，負行政責任的倒楣鬼可能就是我！

我小心翼翼地把綑卷繩鬆開，仔細地一張一張又一張地看著過去的執行紀錄，更仔細地是看那份已經發黃的判決書。判決書是很久很久以前的直式列印，錯字連篇，版面也排得歪七扭八，有一點像博物館裏面的古老法律文書，連切邊都毛毛的不整齊。年代久遠，從那破碎字句中流進我心裏的是一股帶著鐵銹味的血腥，無論案發多少年，被害人的血跡與傷痛卻未曾消滅……

他帶著刀與伸縮繩，還戴著手套，深夜裏，趁四下無人，爬牆侵入一個無辜的民宅家裏，因為大家都在睡覺，就這樣輕易的持刀砍殺男主人、強暴女主人，這一切的一切都在血流如注、性命垂危的男主人面前直接發生！他把整個家裏的現金拿光之後還不滿足，還繼續傷害女主人，甚至綁著女主人去提領戶頭裏的現金。

如果說他的行為用禽獸來形容，應該絕大多數的民眾都不會反對。但是犯下這樣可怕滔天大罪的人，第二天卻是彬彬有禮的坐在我面前，左一句老師好、右一句老師好。問起案情，他竟然哭了，他說：「我不知道自己為什麼當時做了這麼可怕的事情！這麼多年來我一直想、一直想，我一直很想知道自己怎麼會這樣凶殘地對待別人？」

真是一種詭異的場景，行凶的人，問了沒行凶卻又不在場的觀護人，自己為什麼那樣行凶？我不能不理會這個問題，但又該怎麼回答這種超現實的問題？於是，我偷偷嘆了一口氣，問他：「那麼你當時闖這一戶人家家裏時，心裏在想什麼？」

他很認真地想了想說：「因為那時候沒有錢，不敢跟家裏講，所以就去偷，我當時一開始只是想要偷錢而已！沒有想要做任何傷人的事情！」他低下頭，清澈的眼淚滴在我桌上，淚水洗過光亮的雙眸，直直地看著我，好像沒有任何隱瞞。

第一次約談，就這樣結束。我不知道這到底是鱷魚的眼淚？還是人類的眼淚？

接下來，每個月報到，愈談愈深入，但是總覺得有些事情兜不攏。從小，這阿竹是一個備受寵愛的小孩，因為三個姐姐阿梅、阿蘭與阿菊都是品學兼優的大小姐，家裏盼了很久才生出這個弟弟，不僅是最受父母親寵愛的小孩，三個姐姐也是把他當寶貝一樣看待，因為年紀差距很大，不僅不會忌妒，甚至會很主動的爭相照顧阿竹。畫家系圖的時候，只能說正常到我覺得太異常了！這麼正常的家，養出這樣的重刑犯？阿竹整個家系都正常甚至可說是優良，宗親三代沒有一個人有過前科，爸爸是高階警察、媽媽是家庭主婦、三個姐姐有學音樂的、有學美術的、也有學會計的，姐姐們經營自己的工作室或小公司，個個有聲有色。阿竹雖然在學校讀書讀得不太好，但是他的聰明活潑，嘴巴又甜，總是獲得老師的喜愛，學校同儕關係更是好得不得了，像個孩子王，一群同學跟著阿竹團團轉，可愛的小女生總是倒追阿竹，甚至追到家裏面來！這樣一個成長在正常環境、素行良好的小孩，為什麼在年紀輕輕二十幾歲就有膽子殺人強姦呢?!

現在，不只阿竹本人想知道答案，我更想知道答案。

阿竹秉持年少時一貫的態度，會談時候都侃侃而談，從來沒有抗拒我的問題，我本來以為這是為了要騙新觀護人的伎倆，假裝配合換取時間與空間，但向三位姐姐們求證時，阿竹所說的內容也都獲得證實，尤其是過去的生活，阿竹真的都說實話。

小學很快樂的阿竹在上了國中後開始適應不良，受不了升學壓力、不喜歡讀書，所以經常逃學，畢竟是眷村裏面，大家都互相認識，沒有上學的消息，人還沒回家就已經傳到家裏了。爸爸很生氣，腰上皮帶抽起來就是要一頓打，媽媽總是擋在阿竹的前面，又是哭又是罵，最後皮帶從來也沒有真的碰到過阿竹一下；爸爸把阿竹拎回家罰跪，媽媽就趁著爸爸執勤上班，偷偷地讓阿竹上床睡覺去了；爸爸不許他吃飯，媽媽就派三個姐姐輪流送飯、送菜、還送了點心跟水果、全進了阿竹房間裏，吃得打飽嗝。

媽媽愛阿竹愛到無以復加，全眷村的人都知道，阿竹是心尖兒上的肉、雙手捧的寶，沒人敢在媽媽面前講阿竹一句壞話，就連後來阿竹逃學又逃家、跟幫派人物一起鬼混、打架鬧事偷車搶奪，都沒人敢告訴阿竹媽媽，連帶影響到阿竹爸爸，因為阿竹的案件而仕途黯淡，阿竹爸爸雖然無奈卻也從來沒有責怪過阿竹，直到犯下這種差一點判死刑的重罪……。

關在監獄十幾年來，阿竹媽媽毫不間斷地去會客，寄菜、寄錢、找人關說或是「關心」，給阿竹最輕鬆的待遇；媽媽還派三個姐姐每個月從未停止地寫信給阿竹，鼓勵、祝福、打氣；爸爸對這個么兒恨鐵不成鋼，卻又狠不下心來斷了金援，所以只好任由媽媽把家裏的菜錢無止境地挪用給阿竹，他卻假裝什麼都不知情。

就這樣，過了十年……阿竹假釋出獄了。

一般人假釋出獄是生活壓力的開始，忙著找工作賺錢、忙著應付家裏開銷，但阿竹不一樣，阿竹假釋出獄前，媽媽就替阿竹準備了一筆資金，讓他想幹嘛、就幹嘛。但話說回來，這十年物換星移，阿竹爸爸的警察同事們有愈來愈多的人知道兒子犯重罪在關，老臉實在掛不住，早早就屆齡辦了退休，省得見人看臉色、背後說閒話，退休金生活養兩老是沒問題，但要給阿竹那麼一大筆現金談何容易？說來說去，又是阿竹媽媽挖東牆、補西牆，從三個姐姐阿梅、阿蘭、阿菊分頭各挖一部份，再從退休金挪一部份，全都給了阿竹。其中，付出最多的，也就是最孝順的大姐阿梅。

對觀護人來說，最重要的支持系統莫過於最近親屬中的女性，我最重視的通常是受保護管束人的媽媽、姐妹、太太或女朋友，尤其是性侵害案件。因為觀護人一方面要嚴格監控受保護管束人的行為、一方面又要與受保護管束人維持諮商關係，更麻煩的是，避免受保護管束人過度或不適當的移情作用，但有時又必須利用這種移情作用，讓受保護管束人覺得我像是母親那樣值得尊敬、像姐妹那樣值得合作、甚至願意傾吐秘密交心給我。

很多時候，家屬是我最大的支持者與助力，畢竟我們共同目的就是讓受保護管束人變得比以前更好，但更多時候，她們聯合受保護管束人一同欺騙我，輕則給我臉色看、掛我電話、摔我資料，重則偽證般說謊欺騙我，隱瞞受保護管束人的行為涉及不法。阿竹家，都有。

阿竹媽媽對我的訪視、會談都虛以委蛇，態度溫柔，但就是從不涉及實質的答案，阿竹的解釋是媽媽因為自己犯罪導致憂鬱症，所以才會對老師不夠配合，每次問到這件事阿竹總一勁兒：「抱歉抱歉，一切都怪我自己不學好。」但阿竹大姐阿梅卻完全不一樣，訪談有問有答，而且頭腦清明、言辭精準，跟這種水準的家屬對談雖然累卻很有收穫，即使阿梅有些敏感問題不想回答，但也會有問有答，巧妙不失禮地讓我聽出來不想說的意思。我其實一直很喜歡也很敬重這位大姐阿梅，卻也很小心謹慎地應對，深怕一有差池，阿梅就看破了觀護人不想說的敏感問題，在這種合作關係上的諜對諜，簡直像是電影情報片一樣的氣氛。

雖然我試圖努力對阿竹媽媽釋出善意，但似乎一無所獲，只好積極爭取「同盟」大姐阿梅，終於順利地「攻項」，進行三方會談。當天，阿竹媽媽貴婦般地閑靜坐在我正對面，阿梅坐在媽媽身旁，阿竹坐在我的左手邊，回答問題發言的總是阿梅，對話時也總只有阿梅看著我，談著談著，我一邊指責阿竹當年的犯罪行為對被害人一家將會造成嚴重的身心創傷，一邊也肯定阿竹很多次告訴我的悔過之心，或許在謹慎避免被害人二度創傷之下，有可能做某些形式的修復式司法……沒想到，我語音甫落，阿梅竟然跟阿竹同時為被害人的身心創傷哭得淅瀝嘩啦，擤完鼻涕之後，阿梅說：「阿竹造了這麼大的業，我們要一起承擔。」

一直靜靜地「治療式傾聽」的我，終於忍不住大喊了一聲「等一下！」砍人的、強姦的是阿竹，這不干姐姐的事啊！沒想到阿梅眼淚又落了下來：「上輩子，我跟弟弟一定是有什麼緣，所以我要跟他一起負起這個罪。」

原本一直靜靜坐著的阿竹媽媽，卻突然開始數落被害人，甚至指責被害人，什麼難聽話都說出來，說來說去都是被害人的不對。說被害人原本就是認識的，一定是因為跟阿竹想外遇所以來騙這一齣等等……我如坐針氈，阿竹在面對司法過程也都坦誠犯罪、在我面前也直言不諱，這些難聽甚至攻訐明明就不是事實，阿竹媽媽怎麼會這樣歸責於被害人？

我還在想該怎樣打斷阿竹媽媽比較得體，大姐阿梅迅速出手解決我的煩惱：「媽！你講這樣不對！弟弟明明就有做壞事，不要再找藉口了，你找藉口二十幾年了不累嗎？」阿竹媽媽繼續跟阿梅爭辯：「哪是！明明就是要錢！那個賤女人，就是想引誘你弟弟，才會在家晚上睡覺穿什麼性感內衣！」此時一個外人的我就只能坐在面前看這起家庭鬧劇，眉間擠成一團、腦子裏不斷地使勁轉動，要怎樣暫停這場八點檔？阿竹一臉無奈地看看我、又看看母姐會，似乎流露出一種「這是日常」的淡然，一錘定音地說：「媽，好了，老師在這裏，不要再講了。」剎那間，只剩下阿梅責備媽媽的話尾，絮絮地落在我面前。

阿竹假釋期間報到都很準時，態度一向也很配合，雖然時時流露出之前性格裏的放蕩不羈，但從來不惹事生非，直到，他酒駕被抓的那天。阿竹離開派出所第一件事是打電話給我，他哭了，哭得很慘，一個大男人哭到最後哽咽到無法出聲，因為阿竹心知肚明，酒駕罪證確鑿，之後撤銷假釋是時間早晚的問題，無期徒刑撤銷假釋，就是關回去一輩子不用想出來了！安撫、勸導、責備、解釋、再安撫、勸導、責備、解釋……無限迴圈幾次之後，我嗓音沙啞地叫阿竹明天先見面報到再談，有什麼事，明天再決定也不遲。阿竹用哭腔鼻音回答我：「好……」。

整個晚上我都很擔心阿竹明天到底會不會來，畢竟無期徒刑當頭，誰都可能狗急跳牆，就算平常說話算話，哪知道現在會不會大幹一票再划小船逃出國？沒想到，阿竹一早不到九點就坐在等候區，雙眼赤紅、滿臉鬍渣，拚了命擠出一朵微笑送給我當早餐，但實在讓人食不下嚥，簡直比哭還難看。接下來，是一連串無形的磨難，對他，也是對我……。

我問阿竹有什麼打算？阿竹掉了幾滴眼淚，搖搖頭，沒回答我，其實我心知肚明，選擇不過三種，一是自殺、二是潛逃通緝、三是依法服刑。哪一個選項最好？誰都不知道，我只知道，我最不希望阿竹選的是大幹一票再三選一。但是，我不能、不敢、不輕易說出身為一個觀護人最微小的卻又最難成就的心願，就是個案不要再犯罪！

聰明的阿竹雖然眼睛被淚水霧茫，卻清晰地看出了我的欲言又止，阿竹又拚命擠出苦澀的笑：「老師，別擔心，我不會再錯下去，除了我自己，我不想再傷害任何人了……。」我明白這暗示了什麼，卻仍然無法降低我的焦慮，只好也擠出一樣苦澀的笑回答他：「我懂，但無論你的決定是什麼，酒駕之後要加強報到，下星期三，你一定要回來跟老師見面，親口告訴我，你的決定。」

就這樣，一個月裏有二次甚至三次甚至四次，阿竹準時報到，酒駕的訴訟也持續進行著，直到判決確定的那天，阿竹又哽咽了：「老師，謝謝你，願意讓我自己決定我的生命。我原本想自殺，但是怕媽媽傷心，所以我已經想好了，大陸那裏要我坐桶子（意指偷渡），我已經回絕了，我會自己來面對執行的！老師，我對不起你……我……讓你失望了……」阿竹用左手緊抓著發抖的右手，輕輕地把二張紙的判決書放在我桌上，我卻彷彿看見他那厚到要用推車的整個卷宗，一切，都結束了！

農曆八月十四日是中秋月圓前一天，午休時間，我到一樓去散散步，竟然在大廳看到阿竹扛著一個大包包走出廁所！我忍不住脫口而出「阿竹！」他露出讓我畢生難忘的表情，上半臉哭、下半臉笑，那複雜到無以復加的情緒在他臉上融合成一種化不開的苦楚——今天是阿竹入監執行的日子。媽媽、阿梅、阿蘭與阿菊也陪著來，全家人都是滿臉倦容、淚痕猶乾。

照法律來說，撤銷假釋之後受保護管束人就與觀護人毫無關係，但就這麼巧遇見人生最悲涼時刻的阿竹，我實在無法拋下這一家人不管。帶著他們去開庭等候區，阿竹還是秉持一貫尊師重道的態度要請老師先坐，媽媽看到阿竹不坐也不肯坐，阿梅、阿蘭與阿菊姐姐們看到媽媽沒坐更是不願坐。我不知道自己是怎麼了，看著這一家人濃郁的親情卻突然忍不住怒火中燒，一反我從不肢體接觸個案與家人的自我原則，拉著媽媽的手坐定後，指著阿竹大吼：「跪下！跟媽媽道歉！好好反省你讓媽媽難過傷心到這種程度！」我還沒吼完，阿竹毫不猶疑、碰咚一聲，雙膝應聲落地，雙手環抱著媽媽的小腿大哭：「媽……媽……我、我對不起、媽……」阿竹媽媽哭著拚命想拉起兒子，我伸手阻止：「阿竹媽媽，讓他跪，讓他好好懺悔，這次跪，下次不知道什麼時候才有機會，讓他跪到夠！」阿竹跪在地上繼續痛哭、媽媽捨不得也哭到失聲、姐姐們也抱著哭成一團。

只有我，站在一旁，等，等這一家人哭夠、痛夠、不捨夠，直到生命治癒的時刻重新來過。因為我認為，如果沒有這個機會，阿竹很有可能在監自殺，媽媽很有可能在家自殺，姐姐們會變成阿竹與媽媽的陪葬，永遠無法停止悲傷，所以我要讓這悲傷的力量徹底流淌，淚水要浸透每一個細胞，阿竹才會有決心好好在監服刑。

看著阿竹與媽媽已經從崩潰大哭到哭不出來乾嚎，我知道已經夠了，我叫阿竹起身坐在媽媽身旁，阿竹雖然坐起來了，卻一直拉著媽媽的手，像個幼稚園的孩子，直到法警喊開庭叫到阿竹的名字……。阿竹站起來、輕輕放開媽媽的手，媽媽卻一直不願意放手，姐姐們想拉住媽媽的臂膀，媽媽甩開、強烈地抗拒著，我悄悄靠近阿竹媽媽附在耳旁說：「剩下的路，只有阿竹能自己走，讓阿竹好好面對檢察官，像個男子漢，好嗎？」阿竹媽媽像氧氣被抽乾般虛脫地垂下依依不捨的雙手，讓姐姐們扶著，看著阿竹的背影，一個人走進去開庭。

我似乎突然明白阿竹一直想問的問題答案是什麼了，因為我看見從來沒有剪斷的臍帶，連接著母子，輸送著養分，卻纏繞在頸項上、綑綁在雙手間，那巨大的臍帶隨著年紀愈來愈膨脹變型，塞滿整個家，連帶著困住了姐姐們的腳。從出生、到十歲、到五十歲，阿竹是一個從來沒有長大的嬰兒，從來沒有需要為自己的所為負責任，因為，母親的愛是一生的臍帶，卻也是一生最大的傷害。

直到死亡硬生生扯斷的那一刻。

02

在死了一隻螞蟻之後

「老師啊，我跟你簑喔，就是，我們這種吃藥啊的，都很像螞蟻啦，都知道別人誰也是螞蟻啦！我在便利商店也被人家問哪裏可以買藥，來報到在樓下也被問有沒有藥頭電話可以給人家，這個厚，四號啊！就是糖啊！大家都會想沾兩嘴，會黏來黏去的啦！」

「那你們這些螞蟻，是怎麼看、還是聽、還是問出來陌生人也在吃藥啊？老師在樓下出出入入幾千次，也去便利商店買東西，怎麼就沒人問我？而且想買毒品卻萬一不小心問到條子，不就完蛋了？」

「厚，老師，就是簑喔，螞蟻看就知道，看到你啊不會問你的啦！唉呀！我不會簑，反正我們就是這樣，這樣，然後就知道了。」

這位螞蟻姐，笑出一口缺牙，雙手掌心朝前舉到雜亂發黃的前額髮際上，只伸出兩隻食指，靈活地變成兩隻觸角，彎曲、轉動、探索，活靈活現地就像隻螞蟻，我實在忍不住噗哧笑了出來。螞蟻姐似乎覺得逗樂了老師很得意，又繼續扭動食指演螞蟻演得欲罷不能，我連忙阻止，螞蟻姐放下雙手，我才看見螞蟻姐手背、手肘內側，有青、有紫、有紅、有疤……全是過往針孔留下的傷痕，配上她滿口爛牙，是標準成癮者，受到毒品摧殘導致的落齒、牙床萎縮、頭髮乾枯，這種全身上下都是長期吸毒的痕跡，其他的毒品犯怎麼可能沒注意到？

螞蟻姐的缺陷就跟她的優點一樣明顯讓我無法忽視，即使吸毒吸了這麼多年，卻聰明、開朗、大方、誠實，對自己丟人現眼的過去，毫無保留，甚至還會直截了當地說出心裏的評論：「老師，我覺得簑喔，第一次來看到你架恐怖的啦！好凶喔！

後來慢慢簑話以後厚，就覺得老師其實也不是凶啦，是有卡嚴肅一點啦，要我乖一點的啦！」

面對這種有自知之明的個案，我通常都很好奇，到底是如何形成這種有自知之明、卻還是犯罪的人生？一連串不斷被關又來被假釋附保護管束，是明知不可為而為之的愚昧，還是根深蒂固無法改變的惡習？

既然螞蟻姐這麼配合，我當然不會錯過這種大好機會。螞蟻姐很愛講話，有時我甚至還沒問，就開始得意洋洋地告訴我，說沒吸毒沒被關的時候，都很認真工作，有去做洗碗工、有去種胡蘿蔔，還有種茉莉花……

我突然呆住了，為什麼種茉莉花是一種工作？

螞蟻姐更加得意，原來還有老師不知道的事情啊！於是鉅細靡遺地說明彰化出產茉莉花，專門種來焙製青茶作茉莉花茶，所以這樣種植的算是經濟作物，不是一般在家院子裏種好玩的那種，是很專業的！要經常修剪、管理，剪到葉子剩一對二對，每天都要採收，這樣花才會開，才會有收成，如果不剪，就只會一直長一直長，都是葉子枝條，都不開花，那就沒路用了……原來如此啊，怪不得我院子裏的茉莉花老長葉子一直不開花，就是因為我捨不得剪它啊！我秉持著「老師」嚴肅的假面，以花喻人順便訓了訓螞蟻姐：「那你就是茉莉花，要把壞習慣都剪掉，才會開花啊！」螞蟻姐開朗地大笑了起來，露出一嘴的缺牙。

報到的這整個冬天，螞蟻姐的雙手都很能吸引我的目光，除了用食指變成螞蟻觸角以外，還常常左手摳右手、右手摳左手，兩手搓來搓去，時不時撕下一點白色的皮屑留在我的約談室桌上，看起來真的有點噁心，我實在忍不住要開始碎念螞蟻姐，她立刻「漂白」抗辯這是富貴手，不會傳染的，是之前努力工作洗碗、種胡蘿蔔、摘茉莉花的職業病，證明自己當時真正有認真工作啊！我苦笑不已，又罵不出口，叫螞蟻姐伸出雙手，她猶疑了一會兒，不知道我想對她做什麼，我連聲催促，才緩緩地向前伸手。我拿起總是放在約談室裏自己的護手霜，隔空擠了厚厚一層在螞蟻姐手上，叫她趕快抹勻吸收，下次自己去買點凡士林之類的好好照顧自己的身體！

螞蟻姐似乎定格的看看我、又看看護手霜，低下頭聞了聞護手霜淡得近乎沒有的茉莉香味，卻甜美地笑了起來，輕聲嘟噥……從來沒有人這樣的……。我假裝什麼都沒有聽見。此後，再也沒有「老師很凶」這種評論。

現在的螞蟻姐很愛來報到，驗尿也從來不逃避，常常是那種會談太久趕不走的個案，而且經常得意洋洋，尤其是對我炫耀自己是家裏維持沒吸毒最久的第一名，所以鼻子翹得老高，全家唯一沒吸毒的就只有腦炎後遺症發展遲緩的小弟，所以不算在內！雖然我只想大罵螞蟻姐這有啥好得意的！但罵也不能改變這種現實，倒不如先搞清楚這一家子吸毒窟到底是怎麼形成的？

帶著濃濃的「都也不是我願意的」委屈感，螞蟻姐娓娓道來，小弟在小學時候不知道為什麼感染了腦炎，住院很久，治療進度緩慢，爸爸嚴格要求全家人輪流照料給予關懷，所以強迫螞蟻姐與哥哥、姐姐放學後排班看護，可是，才國一的螞蟻姐上了整天的課要輪值夜班看護小弟，總是打瞌睡，被爸爸修理，兄姐情況也差不多慘，最後上有政策、下有對策，讀國三哥哥的「好朋友」拿了一種藥給三兄妹，說「擋眠」超有效，果然一吃見效，好比神仙金丹，因為那是安非他命！到了小弟終於出院，哥哥已經成癮無法自拔，開始一連串進出少年法院的案件，倒是姐姐跟自己還好，後來就沒興趣再用安毒了……

我忍不住打斷螞蟻姐的回憶：「為什麼爸爸媽媽不用照顧小弟？為什麼哥哥吸毒家裏沒管？」

「嗯……阿爸要工作啊，阿母還在關啊，阿兄吃毒的事情也沒什麼啊，阿爸簑伊少年也常這樣啊……」

什麼叫做吸毒沒什麼?!這是哪門子的家庭教育？而且阿母「還」在關又是怎麼回事兒？

原來，螞蟻爸曾經是毒蟲，娶了也吸毒的螞蟻媽，螞蟻媽生下小弟沒多久就去服刑，所以螞蟻家從來就不覺得吸毒是一種犯罪，而是一種日常！比吸毒更可怕的不是因此而染病或犯罪，而是螞蟻家世代相傳的價值觀！我忍不住喃喃自語：該不會，所謂腦炎的小弟治療效果差，其實因為小弟根本不是感染疾病，而是母嬰垂直傳染的毒癮？螞蟻姐馬上接話：「老師，好像醫生後來也這樣簔哎！結果底迪後來就笨笨的哎！」螞蟻弟並不是真的笨，是因為在孕期接受到毒品的危害，讓腦神經系統的發展不足，甚至體內的營養與化學成份全都失調，再加上螞蟻媽既然是毒癮者，自己吸毒的需要遠高於照料嬰幼兒的需求，可憐的螞蟻弟先天不足、後天不良，怎麼可能聰明得起來？我又忍不住開始訓螞蟻姐，這種「一人吃、二人補」的母子毒害，是最殘忍的「母礙」，螞蟻姐你可千萬別幹這種事……

「老師，我應該……素沒有……啦……」

「什麼叫應該，有就有，沒有就沒有，你離婚之前有生小孩嗎？」

「哪一次？」

「蛤？」

進進出出監獄，在外面的時間也不浪費，螞蟻姐結婚又離婚、結婚又離婚，共結婚三次、離婚三次，生了四個小孩，全都給了歷任前夫，一次也沒去探望！所以，孩子是否正常、是否有毒癮，螞蟻姐什麼都不知道、也無法確定！我抓了抓頭，硬生生嚥下即將出口的責備，木已成舟，不好再對過去的錯誤有太多強烈道德壓力，但實在忍不住又問：「那你懷孕的時候，有沒有繼續吸毒？」螞蟻姐想了想說：「知道有身的時候，就沒有吸了啦，有忍耐，生完才吸的。老師你放心啦，我沒有像我阿母一樣啦！」

老師我一點都不放心好嗎！有懷孕徵兆大概是二、三個月的時候，胚胎已經著床逐漸成長，等成天忙著吸毒、經期不穩的螞蟻姐知道自己已經懷孕，恐怕是四、五個月了吧？這些螞蟻姐生出來的孩子，會不會又是另一群少年法院的小螞蟻？我不敢問、也不敢想，我明知這些答案是什麼，我更痛心這些問題我無能為力，我從來就清楚這些不負責任的大人會創造出什麼樣挫折磨難的小生命……孩子的天真是人類群體的希望，無數次遇見天真與希望的墮落，是人世間最傷痛的悲劇，那無奈與悲摧總令我心碎……。

為什麼？再問第三千次、第五千次也一樣，為什麼？為什麼就是不能戒毒？如果堅持自己的人生，自己可以選擇吸毒，為什麼要吸毒還要生育呢？如果真的要生，為什麼不能等戒乾淨再生育呢？為什麼代代世襲吸毒的價值觀，卻從來不覺得有什麼不對呢？

為什麼！！！！

螞蟻姐沒有回答我。

因為，隔月後，她就沒來報到了。我發了告誡函出去，等著她再下個月一把鼻涕、一把眼淚地求老師再給一次機會之類的陳腐求情劇，我猜她是又吸毒了，所以不敢面對現實、不敢面對「就是簑很凶的老師」我。

沒想到，再下個月，螞蟻姐還是沒出現，我不知為何突然想查詢系統紀錄，一查就發現「相」字案號，這個字的意思是我所查詢的人，已經不知何時、不知為何，躺在某個冰冷的解剖檯上，全身青黃地等著被法醫在胸前劃開一個大大的Y字型傷口左右拉開，檢查心臟、肺臟、肝臟和死因了。

她的一生，像螞蟻般追逐甜滋滋的毒品，然後足無輕重地死了。那些為什麼，壓在我心裏，我再也不能問、螞蟻姐也再沒有機會回答我了。

於是，這個春天，我的茉莉花被我狠狠地剪、狠狠地剪，剪到快要禿光，只剩下咖啡色的枝幹，可憐巴巴地站在滿頭綠葉的山茶樹旁，像個非洲饑童仰望著富二代一樣。過沒多久就冒出許多嫩芽，每個芽頭上幾乎都是花蕾，每天晚上睡前我都去巡一遍，總能不失望地採收一朵、二朵放在我的枕畔陪我入睡，有時候可以採到四、五朵潔白、溫潤、清香盛開的茉莉花，聞著香味而來的不只有我，還有樹下那些螞蟻四處爬。

在夢中，我的茉莉花也一樣，並沒有回答我……。

03 ⋮ 弁慶

「喂！恁娘咧！啊！我是聽你們講，啊說那個要去辦，啊又說不能辦，到底要怎麼幹！啊竟嘛系啥咪情形 &@%*%@*……（一連串語意不詳的髒話與語助詞）。」

電話這頭的我，感受到電話那頭的他瘋狂難以抑制的怒火，引起我滿肚子的不悅與冤枉，從這種前後文聽起來，我不但不知道他是誰，更絕對不是我使他不爽，憑什麼要我來承受這種惡質的情緒？但我必須先忍耐，是為國忍耐也好、為飯碗忍耐也好，小不忍則亂大謀，等我先搞清楚狀況，恁祖媽再吃個剩飯慢慢修理這罵髒話的混蛋也不遲。

「等等，你是哪一位？現在是要辦什麼業務？要講清楚，才能幫忙你處理，請不要一直講粗話！」

不知道是我堅定的語氣發揮了效果，還是願意幫忙的態度讓他平緩了下來，他突然在電話那頭停住了，喘著粗氣，沒繼續罵髒話，但口氣還是不太好的說：「啊所以要怎樣辦？」

「你是報到同學本人對吧？你把名字跟身份證字號給我，我來幫你用電腦查，地檢署一個觀護人要處理快二百件案子，二百多位同學，老師怎麼可能聽聲音就知道你是誰？」

「……林火旺，F123456789，啊出生年月日要不要？」

「不用，你等我一下。」

我刻意把話筒放在鍵盤旁，讓這位火氣超大的林火旺聽見咔啦啦的打字聲，據說像火車或節拍器這種白噪音有助情緒冷靜，我想給自己、也給林火旺一點冷靜的時間，幾秒鐘也好，讓我自己也深呼吸幾次。奇怪的是，我查來查去，都沒有林火旺的名字。

「林火旺……」

「有！」

我心想，好，有進步，不管是監獄化人格也好，對剛剛的態度知錯能改也好，這傢伙還有點救。

「林火旺，現在查不到你的資料……」

「哪有可能查嘸?!我昨天才去報到，咋A按呢，幹！」

我忍不住打斷林火旺的怒氣，以免引起我自己火燒心，於是，用更加嚴竣的字句與低沉緩慢的女中音說：「就是要幫你所以才問你，電腦查不到我也有辦法處理！你要繼續罵髒話，我直接掛電話！要不你道歉，聽老師好好講！你自己選！」

「呃，啊，老蘇，歹勢歹勢，哇這咧郎丟系就急，個性丟急，哇嘴歹，哇謀西咧意思，歹勢，老蘇啊，歹勢。」

冷靜下來，事情其實很簡單，不過就是一個公文沒申請好，但地檢署的同事說錯了處理方式，所以去相關單位辦理被拒絕。林火旺搞不清楚狀況，表達能力不好又容易發脾氣，走到哪兒都被人趕出來，於是一股腦把整個對體制與自己的挫折全都飆在這些髒話裏了。當林火旺聽懂我講的作業流程之後，還能正確複述，又主動說了謝謝，我想想他這樣奔波有點於心不忍，於是問他：「如果真的很急想趕快辦，你家離地檢署只要半小時，我等你，現在就過來，四點以前到，我就幫你做急件。」

「厚！哇隨來！」

二十分鐘之後，我安排好的約談室門口出現一個巨人！整個畫面就像是漫畫裏的「滿版」，身高快一百九十公分、體重九十公斤，腦袋差點撞上門框，衣服釦子擠得快爆開，明明是冬天，卻穿裋袖還滿頭大汗，坐進椅子裏還不如說是硬塞進去的……林火旺這種模樣，又一臉凶相滿嘴髒話，任誰看了都只會想把他趕走吧！特別的是，林火旺窩進椅子裏之後，態度跟電話裏的狂躁簡直一百八十度大改變，先是連忙道歉，接著是拚命感謝，我忍不住開始「諄諄教誨」，但沒想到我怎樣訓，他都點頭稱是。這感覺好奇怪，我面前這個謙虛有禮與狂暴易怒並存的壯漢，竟然可以一秒變身，簡直是像化身博士或漫威電影的綠巨人浩克一樣嘛！

這種反差讓我忍不住又深入地談了又談，突然間，瞥見林火旺的左手臂，皮膚上全是細細的白線，長長短短至少有幾十條橫線，全是刀傷癒合的痕跡，集中在左前臂，錯落延伸到左上臂，我單刀直入問他：「林火旺，你幾歲開始自殘的？」

林火旺看看我，又看看自己的左手，怒目粗眉下的雙眼裏，盈滿了硬忍住不肯掉下的淚，還有「老師你怎麼會知道？」的問號，他吸了吸鼻水，含含糊糊地回我：「不記得了，很久了⋯⋯。」

這種事怎麼可能不記得！這種創傷與自殘必定其來有自，背後的問題比傷痕更加嚴重，刻畫在林火旺的心上，或許這就是害林火旺演變成出入監獄的決定性因素啊！但既然林火旺一時之間還沒有準備好會談，我也不能、也不該勉強他，只要他準備好的那天，我還是會願意承接他過往創傷的那個人。

幾次會談之後，林火旺一直維持著化身博士或浩克變身前的溫文有禮，算算他的假釋時間不長，跟我約談次數可能不多了，我暗示地用手比了比自己的左前臂，問他：「你想談嗎？」林火旺苦笑著點點頭，接下來的故事，就像石門水庫洩洪一樣……。

火旺出生在一個爸爸酗酒家暴、媽媽精神疾病的家。幸運的是，阿公很疼他，但是阿公是傳統的男性，疼愛的方式是買東西、給小錢，罵髒話兼摸摸頭，除此之外的親情表現付之闕如。媽媽的精神疾病很嚴重，但是哪一種？又會如何發作？小火旺一問三不知，只說媽媽後來被爸爸打跑了，或許是創傷後症後群刻意遺忘，也可能是真的與媽媽沒接觸幾次，小火旺只記得媽媽從來不肯乖乖吃精神科醫生開的藥，但藥都會吃完，因為會被爸爸吃光！記憶中，爸爸總是毆打媽媽到頭破血流、媽媽又哭又叫像個瘋子般逃出家門，接著爸爸左手抓起一把把媽媽的藥塞滿嘴吃，右手拿著酒瓶當水猛灌進喉嚨，在酒精味與血腥味中睡著的小火旺，早已習慣，覺得不算什麼。

這樣恐怖的家暴創傷怎麼會覺得不算什麼?!

我聽了都心驚肉跳，林火旺卻微微一笑：「老蘇，後來更吃力欸！」

媽媽被爸爸打跑後，爸爸開始每天把小火旺當沙包，下課回來，看見橫在沙發上、地板上、門口邊醉得不醒人事的爸爸，這算是美好的一天；如果酣聲停了，那就表示要挨揍了！爸爸打火旺是不分日夜、不問理由、不管輕重，用手打、用腳踢、用皮帶、用桌腳、用菸灰缸，隨手能拿到的東西沒有一樣不能打！從國小開始，火旺就被打得頭破血流，阿公心疼地幫火旺上藥，卻拿兒子一點辦法也沒有，就只能讓火旺帶著一身的傷去上學，並不知道火旺滿心的恨！

火旺上課的時間還能坐在教室裏，下了課，就像一個不定時炸彈，同學無心的一句話、一個眼神，都能引起火旺瘋狂的暴怒，小火旺一個打三個、一個打五個是家常便飯，火旺幹架起來沒在怕的，因為，同學再怎麼打也沒有爸爸打得痛啊！同學們掛彩紛紛找老師告狀，當年普遍體罰的時代，老師氣得又用教鞭打了火旺一頓，火旺一點兒感覺也沒有！從國小開始一直到國中，火旺的日常生活就是下課打同學、上課被老師打、回家被爸爸打，無限循環⋯⋯。

從家庭內的暴力開始，暴力，是火旺最初學會的語言，也是唯一的語言。

家暴所受的傷會癒合、創痛會復元，但最可怕的是，它會自我繁殖、代代相傳。家暴被害人甚至是目睹兒經常會成為下一個世代的家暴加害人，無論理由是認同加害人或是扭曲價值觀，家暴從來就不是表面上所看到的那麼簡單。

所以，當我看到林火旺的婚姻狀態是「離婚」時，心裏五味雜陳，但未審先判不是正確的作法，於是我問林火旺，「和前妻是怎麼離婚的？」

一抹陰鬱落在林火旺的雙眼，低聲答道：「她，說要走⋯⋯我，沒有心，也不留。」這種跟歌詞一樣的答案，有回答跟沒有回答一樣，我直截了當地逼問林火旺：「你是不是有打人家？打到前妻非離開你不可？」林火旺倏地睜圓雙眼說：「哇痛疼伊都來不及了，哪有可能打伊！」前妻父母早年開水餃店，為了追求這位「水餃西施」，林火旺每天去報到，足足三個月，一開始水餃很美味，到最後勉強用塞的吞進胃裏，現在是聽到水餃就想吐。前妻一家人都覺得林火旺老實專情，所以也很祝福兩人的婚姻，只可惜，結婚後的火旺仍然「火很旺」，不久又跟工地同事起衝突，動手傷人又進了監獄，前妻心碎地要求簽字離婚，鐵窗後的火旺自覺對不起前妻，簽了字，兩人再也沒了消息。

我開始覺得困惑，如果林火旺是靠自己的力量斬斷家暴循環，為何又會總是因為重傷害案件出入監獄四、五次，又像現在這樣脾氣總一發不可收拾？亦或是阿公或其他重要他人，讓林火旺有動力改變嗎？我問林火旺：

「阿公呢？」

「死了。」

「阿嬤呢？」

「很早就死了，從來沒見過。」

「爸爸呢？」

「自殺，第二次關就死了。」

「媽媽呢？」

「第三次關的時候死的。」

「呃……那家裏到底還有什麼人？」

「沒了，只剩我一個。」

我更加困惑了，難道林火旺真的是化身博士或浩克嗎？那切換莽漢與紳士的開關是什麼？

我突然想起林火旺的緊急連絡人關係寫的是朋友，問他是獄友嗎？林火旺笑著說：「是里長伯啦！」

哪裏的里長還兼這種差事做出監保人啊?!不過，這倒是新鮮，我忍不住去訪視這位里長伯，張里長個性豪邁，對我哈哈大笑說：「我也覺得我自找麻煩啊！但是這傢伙其實是個傻大個兒，只會挨打、不會打人，老愛講義氣，卻總是被出賣，我看他家人都死光了也挺可憐的，說來說去都是他自卑啦，才會那麼凶。」南部鄉下村里沒有秘密，張里長看著林火旺阿公年老過世、爸爸上吊自殺身亡、媽媽絕症纏身才回頭找林火旺要求照料，林火旺竟就這樣親奉湯藥直到媽媽過世。一次又一次地送走了至親，看過林火旺一次又一次操辦後事、一次又一次哭得死去活來，張里長一直覺得，其實林火旺真的不像表面上看起來的那麼壞，所以收留他、資助他、關心他，照顧這個其實與自己一點關係都沒有的路人甲！

對林火旺來說，現在生命中唯一重要的人，可能就只有非親非故的張里長，而張里長似乎也替我找到解答，林火旺為何總是容易暴怒，是因為暴力是林火旺生命中學會的第一種語言，而張里長現在教育林火旺的第二種語言是「溫柔」，但他還沒熟練啊！

最後一次約談的時候，我問林火旺，如果你家附近火災誰是你最想保護的人？林火旺想也沒想就說：「張里長。」於是我接著告訴他，那從今而後，林火旺你要記得，絕對不能給里長添麻煩，你惹是生非就像在里長家放火，那些爛朋友不就都來找里長算帳討債嗎？你打架鬧事，警察不都要去里長家抓你嗎？給張里長難堪，就是給自己難看，讓人家笑張里長看走了眼，懂嗎？

林火旺一臉嚴肅地聽著，認真點點頭說：「懂。」

我實在是一個很囉唆的觀護人：「還有，別砍人是理所當然，但也別再砍你自己了，你要照顧好自己，才能保護張里長，知道嗎？」一個不懂得對自己溫柔的人，又怎麼會對別人溫柔呢？自殘的行為本質上仍然是暴力，只不過對自己暴力而已。乖乖聽我一直念一直念的林火旺還是一臉嚴肅，又認真點點頭說：「知道了。」

看著林火旺恭恭敬敬地離開約談室，又高又壯又巨大的背影，我突然覺得林火旺其實不像化身博士或綠巨人浩克，而像日本傳說裏的弁慶，磐石般的壯漢，鬼神般勇猛無敵，直到遇見武功高強、身輕如燕的源義經，終於敗在源義經的手下，成為忠實的家臣，保護著源義經到天涯海角，最後為了以肉身守護源義經，身中萬箭卻始終不倒地站立而死。林火旺想守護的是張里長，還會是誰？無論是守護誰，我相信，林火旺會是弁慶。

因為，林火旺答應我了。

04

黑暗無榮耀

我是一個地檢署的觀護人。當年滿十八歲，在法律定義上的成年人有犯罪行為時，要為自己的錯誤付出代價，承受的後果常常是服刑、假釋、報到，或是緩刑、報到。我接手的這些受保護管束人的年齡分布很廣，從十八歲開始一直到八十歲，所以我相信自己愈老愈值錢，因為人生歷練愈多、受保護管束人（以下通稱個案）愈尊重我，或許他們覺得我的白髮象徵智慧、覺得我的皺紋像媽媽般親切，所以有些甫成年的屁孩犯錯了來報到，說話時也帶點對母親的孺慕感。我想，等我快退休的時候，這感覺應該會更加強烈，他們會像對祖母般跟我對話吧?!

但正常來說，這些受個案的年齡通常是三十多歲到四十多歲，所以，我從來不曾、也不需要處理校園霸凌問題，我的「學生們」早已經離開學校太遠，因此我一直認為校園霸凌應該是少調官、少保官與學校老師的工作，直到「黑暗榮耀」來找我。

他來報到是因為槍砲案件，又黑又高又挺拔的身材，配上低沉的嗓音，就算不帶槍沒拿刀，也很能夠嚇阻別人靠近，不說被別人傷害，不要欺負別人就不錯了！

他其實是一個很有規矩的個案，報到準時、禮貌周到，問什麼、答什麼，從來不閃躲，但唯一奇怪的是判決書沒有寫、他也沒有說，為什麼要帶槍在身上？尋仇嗎？情殺嗎？討債嗎？還是加入了幫派要跟兄弟火拚嗎？他都笑笑卻沒有回答我，這是第一次我在他身上得不到答案。

接下來的報到，他都很配合，說話時常常帶著討好的微笑，彷彿很希望我能肯定他的話，如果我沒有馬上回應，他會用一種受傷害的表情看著我，雖然人是大個兒，眼裏卻全是孩子氣。我原本以為是年紀的關係，畢竟我的年齡足以做他的娘了，所以他就算有這種移情作用也不意外，但後來發現他雖然沒有媽媽照料，阿嬤卻視如己出撫育他成長，從來也沒有欠缺母愛，那，這是怎麼回事兒？

我到他那偏遠的土角厝，蹲在門口跟阿嬤聊了很久，小板凳上的阿嬤就著大臉盆一邊洗豆莢、挑豆莢，一邊撿豆莢、拔豆絲，一邊用寵愛的語氣訴說這金孫，雖然是沒媽的孩子卻從小就很乖，祖孫親近更勝一般人。我心想，他應該不會在觀護人身上尋求母愛的影子，而且，阿嬤壓根兒不相信金孫帶槍，堅持說是被陷害、冤枉啊！司法不公啊！

我有些尷尬，無意識地抓了抓已經愈來愈多的黑裏夾白頭髮，阿嬤的金孫早就老實認罪了，只有阿嬤還在否認現實世界。也罷，再慢慢問他本人也不遲。

日子一天天過去，他也仍然很穩定報到、工作正常、生活平和，只有我心裏某個角落仍然藏著遲遲未解的疑問。除了為何要帶槍之外，他什麼都會主動告訴我，吃喝拉撒睡日常生活工作大小事全都報告，交女友甚至帶來給我幫「相」一下、分手了、又換女友了……全都主動報告，有時我沒問，他還會主動提起我很久很久前曾經說過的話，並且得意洋洋地說他都有照著老師說的做。他每次報到對我來說都是既痛苦又可愛的經驗，痛苦的是費時良久不說，後面的其他個案大排長龍，他還是捨不得回家，我得治療式傾聽加支持，點頭到頸椎要復建；可愛的是，畢竟在這個職場裏，個案願意信任對立面的觀護人，將所有的監管、約束、責備全部解讀成關心，也是真的極其少數，難能可貴。

觀護人的工作是校長兼撞鐘，要約談、要訪視、要寫報告，還要自己一張張附卷、裝訂、歸檔，我一直很討厭做這些鎖碎的文書作業，卻又不得不做，所以常常會一邊做，一邊分神開始看起前面的舊資料，有監獄的一些報告、有探訪親友的名單、有某些會談紀錄，大多數沒什麼參考價值，直到我突然發現，他卷裏雲深不知處的角落裏有一句話「國中時曾被霸凌」！這似乎是上天在迷霧中賜下的微光，指引著我問了他，剛開始，他低著頭沉默了很久，我耐著性子任他咀嚼過去……。

國中時，他被叫小胖，跟現在完全不一樣，又矮又白又胖，阿嬤把這個沒娘的孩子當成寶，不知道如何表達自己的關心，只好一天餵五餐表示慈愛，為了不讓阿嬤憂心地問：「哪ㄟ沒吃完？甘系破病嗎？」貼心的小胖努力加餐。鄉下地區同學跟鄰居與玩伴都是同一群人，甚至還有親戚關係，剛開始是三個男同學喜歡作弄小胖，有時把便當盒藏起來、有時打開來吃掉雞腿，有時拿給全班看小胖吃超多、怪不得好肥……然後，開始叫小胖是豬，很髒、只會吃、身上像豬一樣臭，看見小胖進教室，就開始用鼻子發出「嚄嚄嚄～」的叫聲，讓全班哄堂大笑，溫和的小胖覺得同學只是調皮，沒什麼，笑笑不以為意。但，接下來，他的課本被丟進水裏，不知是誰把吃剩的香蕉皮丟在小胖的書包裏，喝完的飲料空瓶沾著甜甜黏黏的殘液，全都扔在小胖的抽屜裏；課本、作業爬滿了螞蟻，廁所裏的衛生紙被沾上泥水一團團扔在小胖的課桌椅上！小胖還是說服自己，三個男同學就是太皮了而已，其他班上的同學也都只是笑，沒有對自己做什麼，而且老師也都沒看到，去告訴老師會被同學討厭……小胖沒想到的是，接下來，迎接他國中生涯的是鄉下版的黑暗榮耀。

每當有女同學經過，小胖就會被伺機等在後面的三個男同學突然拉下運動褲，露出內褲，女同學花容失色大聲尖叫逃走，事情傳開後，女同學對小胖充滿厭惡，就算沒看過的女同學也常小聲抱怨小胖是變態，三個男同學食髓知味，接著一個把風、一個拉褲子、一個架住小胖，每次都在女同學面前讓小胖脫褲，現在連內褲一起拉下來！小胖用盡氣力反抗，但一個人哪裏擋得住三個同學一起上？無數次羞辱後，小胖已經失去反抗的能力，只能任由他們脫，事後盡快把褲子拉回來，或者，只能盡量用手遮住下體而已，如此一來非但沒有減緩這種欺辱，反而更加惡化，脫完褲子之後，其中一人還用手拉扯小胖的生殖器，叫大家來看看能拉多長！

三個男同學霸凌的手法逐漸變化，「進化」到最後，帶頭的男同學叫小胖到司令台後面沒人的地方，要求小胖蹲下來，馬上就由左右各一個男同學按壓著小胖的各一邊肩膀，在小胖還沒有意會過來發生什麼事的時候，只覺得脖子後面傳來一陣燙！小胖哇地叫痛，三個男同學大笑大吼掩蓋小胖的哀嚎聲，操場前方運動玩耍的同學們似乎沒有一個人聽見。當三個男同學得意洋洋地離開現場時，小胖才知道，他們用打火機燒燙五十元的銅板，放在自己的後頸項！

小胖用著平緩甚至可以說是冷淡的疏離感，訴說著發生在自己身上的殘忍，我卻忍不住抿緊了嘴唇……心好痛。我不忍心讓已經長高變黑的小胖給我看當年的傷疤，他的表情明明白白寫著已經被傷得夠深了、被燙穿真皮層了，我相信小胖身上發生的都是事實，但可怕的是這一切的一切竟然似曾相識，遭到群體排擠、性霸凌、被金屬製品活活燙傷皮膚……，為什麼跟二〇二三年最熱門韓劇《黑暗榮耀》一模一樣呢？只不過差別是快三十年前台灣鄉下地方，沒有現今首爾流行的電棒髮捲，所以用省錢版的銅版加打火機！難道是人類這種沒進化的黑猩猩，霸凌同類的劣根性從來沒有進步過嗎？

彷彿回過神來，長大了的小胖仍然用孩子氣的眼神望著我：「老師，不好意思啦，我不太記得了，太久了，就只記得這樣而已啦……已經過去的事，沒有什麼……。」小胖明明沒做錯任何事，不用跟我道歉，該道歉的是霸凌者不是身為被害人的你！我再也忍不住大聲說：「這，怎麼會『沒什麼』呢！這很嚴重！」

事發雖久，小胖仍記得一清二楚，發生在被害人身上的傷痛從來不會消失，只有加害人所造成的損害會自認隨時間減輕而已，小胖頸子上的傷跟心靈的創痛相比是微不足道，我能明白小胖無法抵抗霸凌，但我不明白，這些事情發生之時，為何只有小胖一個人面對？小胖苦澀地笑著回我，三個惡霸在欺負的時候都挑老師不在場的時候，而且小胖覺得去告訴老師們，也不會有好結果，因為一個是鄉代表家的孫輩、一個是有錢人家的小孩、一個是成績好的學生，而自己，是賣菜阿嬤養的沒娘兒，功課又不好、運動更不行、家境捉襟見肘，所以，還是別去惹事比較好。我心裏暗暗叫苦，我的天啊，這……連《黑暗榮耀》霸凌者跟被害人的家庭環境設定都寫得一模一樣了啊！差別只在劇裏的母親也是主角宋同珉的加害人。

但阿嬤很愛小胖，小胖應該要向阿嬤求助才對啊?!小胖堅定地搖搖頭：「老師我求你、拜託你，你一定要答應我，絕不可以告訴阿嬤！」原來阿嬤始終被矇在鼓裏，只因為小胖體貼怕阿嬤傷心，又覺得若是阿嬤知道了一定會去住在附近的鄉代表家裏吵，鄉代表又是遠親，鄉下地方幾乎都是親族，這樣讓阿嬤也沒有面子！所以小胖每天咬著牙、笑著跟阿嬤編故事說今天上學很開心……。

霸凌事件應該如何結束？我不明白，我畢竟是個成人觀護人，我從來沒有經驗、也沒有權限去處理霸凌，事發近二十年之後，我才知道這件事，也不可能再去追查當時發生了什麼。況且，當事人小胖堅持我絕對不能介入，但我不能接受在一個少年成長的過程中，卻沒有成年人協助他度過艱辛困難的時刻，我忍住頸項傳來陣陣刺痛，又問了我心知肚明，絕對不是三言二語可以回答的問題：「小胖，國中那時候，你有找老師或任何大人幫忙嗎？有告訴任何一位大人你遇到這種霸凌嗎？」

「啊……？老師，這叫霸凌嗎？」

「呃，或許那時候沒這個名詞，講被欺負也一樣。你有去求助嗎？有任何老師看到嗎？學校也沒多大，應該不會沒看見吧？」

小胖像掉進奇幻隧道的愛麗絲一樣，神情迷濛地停住了所有動作，雙眼呆滯地看著虛無的某一點，像是對我說話，又像自言自語：「老師他們，好像知道，又好像不知道；好像看到，又好像沒看到，也許老師都只是不想知道而已，所以，我也沒有去找老師，因為我覺得老師他們都不會理我……」我再也忍不住打斷小胖的囈語，我大聲叫著小胖的名字，像叫魂一樣把心緒飄移到不知何處的小胖喚醒，我要小胖看著我、直視我的雙眼，告訴我，到底是怎麼一回事?!

醒來般的小胖又回復到原本我熟悉的樣子，帶著討好的微笑，有禮貌地回答，當年從沒找過導師、科任老師、輔導老師或任何老師幫忙解決被霸凌的問題，當時，也從沒試過想找老師們，並不是不想找，而是覺得老師們的態度就是不在乎。

畢業以後的小胖，當然也就沒被繼續霸凌；長高長壯的小胖，當然也就沒人敢霸凌。但小胖並沒有因此找到屬於自己的安全感，小胖也沒有戲劇化的成長，沒辦法讓我寫出讓人叫好叫座的情節，小胖一直持續著不會讀書、沒有謀略、欠缺耐力甚至連復仇的意念都不夠堅決，想當然爾，小胖不可能有能力像《黑暗榮耀》的主角宋同珉一樣獲得世俗所認定的成就，更沒有足夠的謀略找到那三個霸凌少年復仇。

所以，他把一切寄託在感覺上能保護自己的武器當中，我終於得到答案，小胖的槍砲案從不是因為他很凶很猛，也沒想要去行搶或尋仇，他帶槍，他愛槍，是因為他很脆弱！

就像《黑暗榮耀》裏的台詞寫得那樣，「被害人所失去的東西之中，你覺得有多少是能找回來的呢？自己的榮耀與名譽，只有這兩樣而已吧？有些人透過原諒找回這些，有些人則藉著復仇找回來，要找回這些才能換回到起點，等回到起點之後，同珉學妹才能繼續過她的十九歲，而我支持她回到她的起點，她只是想讓自己別過得像現在這麼不幸。」

我不支持小胖用復仇來找回過去的遺憾，因為復仇最終只會讓小胖受更重的傷，坐更久的牢，讓唯一愛他的阿嬤流更多的淚。但我也不希望小胖用原諒來釋懷過去的痛楚，因為無論霸凌者有什麼原因，都不應該以欺辱別人獲得自己的自尊，霸凌者不值得小胖的原諒，更不應該因被害人的原諒就脫免罪責。我唯一、也是最重要的工作，是陪著小胖走完十五歲的創傷，讓時間不再停留在十五歲被霸凌的那一天，讓傷痕累累的心靈能繼續向前走，讓小胖自己漸漸地、漸漸地長大，跨越二十年的光陰，長到跟他現在一樣的三十五歲，也許，終究有一天能讓小胖學會相信大人、成為一個大人。

現在我要坦白承認，我一開始就猜錯了。小胖從來就不是在觀護人這裏尋找母愛，那一聲聲的「老師」，才是小胖真正的治療起點，從十五歲開始他就想被「大人」看見、他就想被「大人」鼓勵、他就想被「大人」摸著頭說你好棒！即使，現在坐在他面前這個「大人」，是我這樣來管他的凶神惡煞！

我永遠都不知道過往的創傷多年後會用什麼方式顯影出來，一旦走到一個觀護人的面前，那表示創傷已經是無盡的痛楚，刻印在心中、烙印在身上，無論是對自己、或對別人、或對社會。我無法幫小胖找回失去的東西，但，或許，我足以讓小胖重新經歷一個「學生」的生涯……

重新學習，

重新畢業，

重新開始，

重新十五歲。

05

玫瑰少年

前手同事離開的時候，把他交接給我，沒有多交代什麼，只說這中年男子是吸毒的老鳥，但是報到很穩定，採尿很正常，有合法工作、與父母同住，幾乎不用擔心，不會給觀護人惹麻煩，也不太跟觀護人多聊什麼的那種個案，不用花太多精神。

接下來報到幾次，怎麼看都覺得他是一個再普通不過的中年男子，瘦瘦黑黑的，報到時規規矩矩，的確也讓我覺得前手同事說得沒錯，正常報到的個案基本上也不太會惹事。

當時，有幾個讓我焦頭爛額的麻煩個案在手上搞得團團轉，同一時間也無法分神關注他，就這樣幾個月過去，我才開始有點力氣仔細觀察他，問了問他的交友狀況、離婚後有無對象，他很開朗地笑說：「老師，謝謝你關心我，但是，真的不用啦，沒緣份，我也都五十多歲了，就這樣跟朋友在一起每個月聚聚就好，不會再結婚了啦！」

「但是你是獨子，沒有兄弟姐妹，堂表兄弟都有自己的家庭了，爸媽百年之後，自己不會寂寞嗎？生活能安排嗎？甚至，有醫療需求的時候，誰會替你簽手術同意書？總不可能找前妻吧？」

「老師你放心好了，我都安排好囉！我們幾個朋友都講好，互相簽手術同意書，死了以後靈骨塔怎麼安排，葬禮要怎麼進行，放什麼歌曲，我都想好了啦！連靈堂要放我最喜歡的粉紅色配白色玫瑰花，都想好了！」

粉紅色玫瑰花？為什麼這個皮膚黝黑的中年男子會想在自己的靈堂用粉紅色玫瑰花？

我正想繼續追問他為什麼對粉紅色玫瑰花情有獨鍾，他很「上道」地揮了揮手上的報到手冊：「老師，我先去採尿，下次聊！」雖然被他「尿遁」，但跑得了和尚跑不了廟，下次總還是要來報到，再問也不遲。

下一次報到，我不想太過刻意，更沒有對粉紅色玫瑰花這個問題死纏爛打，我反而關心的是他每月聚會交的朋友是哪些人？去哪兒玩？是不是毒朋狗友？所以他很開心地介紹最要好的三個朋友，甚至，拿出手機，一邊滑開自己的臉書，讓我欣賞他們一起去墾丁住的漂亮民宿，一邊介紹包棟喔，而且很便宜，老師下次可以去玩……。

照片很美，但我注意的不是山海美景，而是他的暱稱，竟然叫「雪花」！他發現我的目光一直停留在暱稱上，笑了起來：「老師，你發現了喔？」

「對，你想告訴我原因嗎？」

「老師聽過宮雪花嗎？一個香港早期的女藝人，我覺得她很漂亮，所以就叫雪花啦！」

我終於忍不住了，單刀直入地問他：「所以你是覺得宮雪花很漂亮所以喜歡她，還是宮雪花很漂亮所以想變成她？」

「雪花大叔」哈哈大笑：「老師，你知道啦?!」

坦白說，我其實不太知道，因為雪花大叔看起來完全沒有一般想像中LGBT（非異性戀者）的刻板印象，說話的時候也沒有陰柔氣質，就是一個很樸實的中年大叔，甚至我一開始還有點擔心，貿然猜測會不會惹毛他而增加了無謂的衝突，但這個賭注似乎下對了，成為諮商關係重要的突破點，雪花大叔開始如水庫洩洪般滔滔不絕地與我分享自己同性戀的人生。

雪花大叔是台南望族第三代，從小就備受期待，而且單傳，家族早早就替他「相」好了親事，也是門當戶對的好人家女兒，雪花大叔長得一表人材，身高又高，走在路上玉樹臨風，再加上天生的美感，很會挑衣服，打扮停當出門走路，總引得少女們回頭，要說瀟灑迷人也不為過，所以，門當戶對的親事很順利訂成，唯一心裏不好受的，只有當事人雪花大叔一個。

但，雪花大叔很明白自己的責任，也就順水推舟的結了婚。

婚後的生活，男女主角都覺得不如預期，雖然太太很快的懷了身孕，又生下了男丁，但不知怎麼著，雖然雪花大叔沒有對妻子坦誠，但妻子似乎感受得到雪花大叔根本就不愛自己，兩人在人前是一對璧人、金童玉女，人後卻是互相折磨，髒話飆盡、惡毒辱罵。對雪花大叔來說，這個婚姻、這個生活、這個孩子，都只是一種責任，一種要完成的工作、一種掩飾自己真正人生的濃霧，所以，他很快地完成這些任務後投入另一種可以掩飾自己真正人生的濃霧裏去，安非他命的濃煙裏。

雪花大叔逃離家裏，跟幾個（或不知道到底幾個）同志毒友住在一起，靠著富裕的過往，成了一群毒友們的金主藥頭，供應無限量的安非他命，維持著吸毒、性交、濫交、群交、再吸毒、再性交、濫交、群交再無限循環的雜交毒品生活，日與夜已不再重要，只有毒品與性濫交讓他感受到快樂與被接納，這是他第一次真切地感受到自己活著，並且是被愛、被尊重、被渴望的，充份地滿足了心靈最深處的期待，他再也無法脫離這種生活型態，但卻不記得自己到底維持了這種生活多久？

雪花大叔記不清，也不可能記得的原因是在毒品、酒精、日夜迷醉的生活裏日期已不再重要，最後替他畫下句點的，是他的夢中情人警察霹靂小組幹員，可惜霹靂小組幹員將他重重壓在地上的時候，並沒有浪漫的情節，只有冷冰冰的地板硬度，霹靂小組幹員想抓是這些安非他命，一邊上他手銬，一邊大吼，叫大家褲子穿上！

明明是生來好命的「阿舍」，現在卻淪落為鐵窗後的受刑人，雪花大叔吸毒與轉讓毒品等犯法行為，其實並不讓他覺得煩惱，比較尷尬的是現在全家族都知道他是同志，這種型式的被迫出櫃，雪花大叔反而覺得是解脫，不用再思考要怎樣告解自己的性傾向了。

不知道是服刑比較讓老父母覺得羞愧、還是同志的身份比較令人困擾，或是，兒子至少撿回一命就值得感恩上天，總而言之，似乎父母也跟雪花大叔一樣豁出去了，不再介意性向的問題，也不再要求傳宗接代再娶盡孝。總而言之，假釋出獄後的雪花大叔，再也不用說謊，就可以跟男朋友或男的朋友或朋友或男朋友的朋友們，一起去玩，甚至也可以帶回家吃飯，所以才會那麼得意洋洋地跟我「現」去遊山玩水的照片啊！

可是我很擔心，忍不住直截了當地說出來，如果再這樣性濫交，就算不用安非他命，也很有可能會染上ＨＩＶ，那不就糟了嗎？雪花大叔非常、非常、非常堅定地說：「老師，你不用擔心！」

「怎麼可能不擔心？你一定沒有防護措施，透過血液與體液這樣傳染力高欸！」

「真的沒問題！」

「哪可能沒問題?!」

「因為，我都有檢查啊，我病毒量已經是測不出來了，老師，我在監的時候就驗出來了啦！早就有吃藥了，衛生局都會關心我啦，老早就得到了啦！」

「……」

得了病，有妥善治療，接納愛滋病是自己的一部分，我很佩服，也能理解。但，我最不了解的是雪花大叔的人生選擇，既然不想要婚姻、既然不想跟女性結婚，又為何要結？既然結婚了也可以離婚，何苦用安非他命來麻醉自己？又何必一定要用「煙 high」毒品 Party 才能覺得開心？

既然我誠心誠意的請教了，雪花大叔就像剛飲盡十倍的 Espresso 帶著濃郁的苦味，笑著回答我：「老師，你們不知道同性戀的困難啊……所以我才不敢說。」

「不敢說？意思是沒有告訴家人？也沒有告訴過之前的老師？還是沒有告訴前妻？」

此時雪花大叔的表情除了苦味，更多了澀，他皺著眉頭，卻仍然微笑，悠悠地說：「前一位老師，是男生啊！我怎麼可能會講……。家裏的人，老師啊，你覺得，三代單傳，能講嗎？」

我嚥下一口難以吞嚥的口水，是的，我必須承認，再怎樣有所謂的同理心、再怎樣從專業訓練中學到用個案的脈絡、什麼個案優勢分析、我的的確確是不了解男同志的人生議題啊！

那麼，雪花大叔為什麼在隱瞞了這麼多年之後，會願意告訴我呢？

我其實也很想知道，我是做對了什麼、或是沒有做錯什麼，才獲得跟同事不一樣的反饋呢？我小心翼翼、斟酌用字地在腦子裏盤算要怎麼問，但嘴裏只怯懦懦地吐出：「那……為什麼……」雪花大叔竟然呵呵地笑了起來，很開心地說：「因為你，感覺起來就不討厭我啊！」

「感覺?!」

「對，感覺。」

「還有呢？」

「沒有啦，就感覺嘛！」

「從哪裏感覺?!」

「嗯，啊……不知道欸，就一開始就有這種感覺，後來漸漸有更確定的感覺啊！」

「是老師講了什麼讓你感覺？可是，我記得我們沒什麼性別平等之類的會談啊?!」

「對啊，不是談了什麼啦，是感覺！」

「……」

我決定不再追問到底是怎麼感覺，或是什麼感覺，我只是從來就一直相信任何人都有權追求自己所愛，這樣就行了。或許對雪花大叔來說，這種氛圍、這種氣質，就像他最愛的玫瑰花香味一樣，是種明顯而容易辨認的訊息，告訴他，告訴其他的玫瑰少年們，告訴已經成為玫瑰中年的他，只要不再犯罪，在我的約談室裏，都可以用你想要的方式，美麗。

06 … 菟絲花

受保護管束人（以下通稱個案）出監之後面臨的困難很多，心理與關係層面的最複雜，但其中一項最基本也最現實層面的是——經濟因難。因為個案假釋之後通常很難馬上找到工作，除非是原本受雇的老闆重新接納自己，或是家族有經營農林漁牧礦類型的傳統產業，否則，一般雇主很難不會考慮過去的紀錄，尤其是犯罪紀錄。

但是，她不一樣。

第一次報到，小青昂頭挺胸地說：「老師，我已經在工作了！」

帶著鼓勵意味，我拿著筆一邊寫、一邊用力點頭地表示肯定：「非常棒啊！哪一天開始上班的？什麼時候找到工作的？」

「出監第一天就上班啦！」

「啊？」

原來，小青在準備呈報假釋的時候，就已經很積極，在女監透過就業求才活動，向勞動部、勞工局的就業服務站都投了履歷表，而且小青非常了解自己的個性，直截了當在求職需求上面寫明了自己毒品前科的狀況又不擅長服務業，所以願意做工、也願意進工廠，因此很快地就被媒合成功，再加上螺絲工廠正急缺人手，所以出監第一天就拎著包袱去工廠報到，甚至還包住宿，雖然我有點懷疑事情會有那麼順利嗎？小青就打斷了我的思緒，「老師，老師！我們廠長說，要問你什麼時候可以去工廠？」

「啊？我去工廠？不是你在工廠上班嗎？為什麼要觀護人去工廠？」

「對啊，廠長說，他可以讓我不用扣錢來報到，但條件是要見到我們老師，而且每次報到要把本子（指保護管束人報到手冊，手冊內會註明每次報到時間）給會計看過，所以，老師你什麼時候可以去工廠？」

這可稀奇了，我的觀護生涯中，許許多多次要假裝「我不是觀護人」或「我只是來看看的」或「我是路過的客人」輕飄飄地「經過」受保護管束人工作的地方，停下來稍作觀察，有時甚至真的需要藉故買了點吃的喝的，就為了避免受保護管束人被標籤化或被雇主知道假釋身份，但是從來沒被這樣熱烈歡迎去工作地的經驗，而且，接下來一個星期，我還被急急催促，小青每隔一到二天就打電話到辦公室來：「廠長在問啦，所以，老師你什麼時候可以來工廠？」

既然非去不可，我也不好讓人家等太久，一進廠區大門，我就被「貴賓級禮遇」，從門口的警衛到會計，都知道「老師要來了」，就差沒有敲鑼打鼓、舞龍舞獅，還請我大喇喇地停在「經理專用停車格」，老實說，挺尷尬的……。

一進去，廠長、會計、排班主任圍著我，你一言我一語地問：觀護人是做什麼的？

小青幹了啥好事被關？報到是怎樣的？地檢署在哪裏？什麼是驗尿？要怎麼驗？誰來驗？結果多久會知道？為什麼小青叫老師不叫觀護人？老師看起來金少年是今年幾歲？……他們的輪番提問折騰，花了我足足二小時才脫身！

原來工廠是第一次接受前科犯來工作，對整個觀護制度甚至司法程序一點都沒有概念，充滿好奇、更多想像，可惜來的觀護人似乎不怎麼美觀明目，也不能創造驚喜，但足以證明小青所言不虛，工廠也就願意讓小青繼續工作。

因為幫小青順利保住飯碗，小青似乎更加依賴我，日常生活大小事全都要說，報到久留不肯走，平時也是電話不斷，有時我正在約談不能多聊，小青也會聽話先掛掉，但過幾小時就一定又會打來。剛開始，我還沒有太在意，只覺得小青因為父母早死、兄弟姐妹都因她吸毒偷拐搶騙多次而鐵了心不願意再聯絡，所以她沒有講話的對象，才會總是找我談。報到的時候，我也明白勸導小青，有重要的事情才打電話給老師，不然工廠也會覺得這個員工不夠認真，沒想到，小青竟然回我：「老師，我有認真，都是休息時間才打電話！」

沒多久，認真的員工請假了。

我以為是小青走了回頭路吸毒，沒想到工廠的會計幫忙她打電話給我，說小青騎機車出車禍，斷了二根肋骨，現在住長庚醫院，工廠會幫小青處理勞保，但最近她動彈不得，所以需要跟老師說自己無法報到。

我於心不忍，找了個空檔去看小青，沒想到病床上的小青看見我喜顏逐開，一點兒也沒有斷肋骨的痛苦模樣，倒是皮外傷青一塊、紫一塊，破皮流血的小青又是熱烈想跟我聊天，說自己也沒個朋友會來探病，老師是唯一、也是最重要的人，再多聊一下嘛！小青報到的這段時間，經常寫卡片給我，有時字很多、有時字很少，有時還畫了很精美的圖，每回開頭不是寫「我最敬愛的老師」就是「我最尊敬的恩師」，看了總覺得挺可愛的，充滿小女生的心思，笑一笑，一如往常，我會貼在辦公桌的隔板上，有了小青這號人物，隔板愈來愈擁擠。

工廠先替小青代付了醫藥費，同事們也排好班讓小青出院後回工廠上班，沒想到，小青出院後卻沒有回工廠，她既不接電話也不回電話，甚至連簡訊也不回，工廠會計忍不住打來問我小青有沒有來報到，無巧不巧就是今天下午應該來報到，我看見小青就是一陣數落，責備她不負責任！

小青一臉委屈地說工廠對自己不好，決定辭職，我其實不太明白為什麼小青會覺得工廠不好，畢竟能夠接受更生人的工廠已經屈指可數，廠長特准報到又沒有扣薪水，甚至這一次出車禍，還替她申請勞保給付，工廠對小青這個員工可以說是仁至義盡，不辭退就很好了，小青身為員工，有什麼理由非離職不可？但是既然小青決定辭職，這種不違法的決定我也不好責備，我只要求，小青必須要主動地跟會計聯絡，好好完成離職交接手續，小青也答應我，還一直拍著胸脯掛保證說一定會跟工廠聯絡，好好處理離職手續。

出院之後的報到仍然正常，但是，沒多久工廠會計又急著打電話給我，很煩惱地說小青一直沒有來辦離職手續，人間蒸發，不管怎麼找都找不到，會計迫不得已只好打電話給我。這怎麼可能呢？我心裏覺得非常疑惑，但是會計沒有必要騙我，我把小青叫來，臉色很難看地問了事情的詳細經過，小青眼眶紅紅說，她的確沒有去辦離職手續，因為之前跟同事、還有廠長借錢，現在還不出來，她沒臉去見人家只好離職。這理由跟我一開始聽到的根本就不一樣，我到底應該相信什麼？

接下來，小青去找別的工作一直都很不順，但是報到與每次驗尿的結果都很正常，沒多久，我又接到小青的電話，她很虛弱的說現在住在旗山醫院……沒有辦法來報到……這次，又出了車禍！

這次比上次嚴重多了，兩條腿都摔斷，我到了醫院看見小青被包裹成木乃伊的模樣，兩隻腳被打上石膏，綑成白色的豬腳，左右各一隻，高高的被吊掛在架子上。雙手也輕微骨裂，打上石膏，十隻手指只剩下左手食指跟中指兩隻還露在石膏外面，她就用這兩隻手指慢慢地戳、戳、戳著手機打電話給我，我看了又心疼又生氣，小青仍然像上次一樣捨不得我離開，見到我就笑顏逐開，跟隔壁病床的病友、護理師、巡房的醫師、打掃的清潔阿姨、任何一個活著而且經過她病床前的人，得意洋洋介紹：「這，這阮老師，老師吶，老師來看我嘿！」雖然我覺得很尷尬又很無禮，這樣在病房吵鬧實在不適合，但想到小青住院又是沒家人探望的，總是有點心酸酸，也就只好任由她拿我「愛現」，實在不忍心打斷小青難得的愉快時光。

但問清楚小青這次車禍的原因完全是自己搞出來的，我就忍不住了，逆向、違規、超速還被吊照！我站在病床頭，當著換藥護理師的面，罵了小青整整十五分鐘直到換完藥，護理師臨走前還對我輕輕地鞠了躬：「這位老師，雖然我不知道你是教她哪一科的，但是，謝謝你幫我衛教病人，這病人一直不太聽話，終於有人能治治她了。」

這次沒有工廠幫忙、也沒有薪水可以支應，小青是偷偷「逃」出院的，欠了醫院一屁股醫療費用，小青形容枯槁、氣弱游絲坐著輪椅、被不認識的某位「朋友」推進約談室報到，我請這位「朋友」坐、問他是哪位，「朋友」急忙尷尬地退出去。小青也沒打算解釋這個貌似另一個受保護管束人的「朋友」跟自己的關係。問她打算怎麼處理醫藥費？小青一臉神神秘秘的說：「有人會幫忙啦～～～」

「是誰？剛那個男的？」

「哎呀老師不是，我跟他不是那種關係。是別人啦！我其實不知道她叫什麼名字，是醫院認識的阿姨，說可以幫我申請保險，而且還賺點錢當營養費跟生活費。」

「啊？哪來這種阿姨？你該不會是遇到健保黃牛吧？」

「厚！老師好厲害，怎麼一猜就知道，不要講那麼難聽啦！就……只是賺錢而已，不然我是要怎麼去借啦？」

「你假釋還沒期滿就想去動這種歪腦筋！搞健保詐欺嗎？到時候被抓到撤銷假釋的是你不是那個健保黃牛！你既然講了，我只有二個字，不准！」

原本看起來虛弱不堪的小青竟然中氣十足地發脾氣大叫：「老師我就知道你不准，那不准我要怎辦？沒工作又沒有錢，又要看醫生，啊我是要怎麼辦？就沒辦法啊！算了我才不要跟你說了，反正、反正我只不過是你一百多個學生裏的一個而已！」

接著，迅速、敏捷地用瘦弱卻有力的雙手，自己推著輪椅，轉出約談室，去驗尿了！

留下我，在約談室，氣得發抖。

接下來，小青開始失約，該報到、不報到；該驗尿、不驗尿。最後終於坦誠又再吸毒了，為了想挽救自己的假釋，我給小青不保證不撤銷假釋，但救活自己的一條路是去戒毒中心，小青同意了，承諾只要有地方她就肯去。女性戒毒中心其實很少，距離也通常比較遠，再加上小青現在行動不方便，我拉下老臉去四處拜託，終於找到一間戒毒中心有床位也有意願收她，但沒想到，小青竟然毀約。

過了幾天，小青又出現在約談室門口，當時我並不知道，這會是她最後一次跟我見面。我非常、非常嚴厲地對小青說：「在老師一百多位學生裏，你自己想想，有誰出二次車禍，都只有我去看？你摸著你的良心問你自己，誰最關心你的死活？你上次講的，是人話嗎？還有，你前面騙工廠害老師成天替你接電話解釋，後來開始吸毒，自己說要去戒毒中心，結果呢？違法亂紀在先，失約落跑在後，你做人做事，是這樣幹的嗎？」

小青低下頭，輕聲說：「老師……對不起。」

她留下最後一次採尿的結果，不意外，是陽性，簽分毒偵案件之後，我再也沒見到她，只有系統裏不斷出現的詐欺、侵占、偽造文書等等的案件，證明小青還活著，撤銷程序完成後，我再也不想回憶起小青，更不想讓自己重新經歷那種氣到即將吐血的感覺，我迅速地在腦中按下「刪除鍵」，可惜效果卻很差。而且，在小青被抓回女監執行殘刑再加新犯的一堆罪之後，她竟然又寫信給我，道歉、悔過、感謝，再重複。我把小青寫的所有卡片與信件全部收進紙袋裏，塞進某個深處，那種不願想起卻又不時想起的厭惡感，是自我厭惡、也是厭惡這一切。

我必須想辦法解決這種厭惡感，它像是個黑洞，偷偷地吞蝕著我的心靈，我必須自救，所以，我決定為當時疏於照料的花園除草施肥，進行屬於我的某種「園藝治療」。我的小樹們仍然努力地活著，但被野草吸走不少養分，樹底下，不請自來的黃花酢漿草開滿了黃色的小花，我拔掉它們，心裏卻有點不捨，畢竟黃花酢漿草也是靠自己的力量，努力地活著。

拔著拔著，突然看到淺黃色的捲曲枝條，緊緊纏在我的樹上，我可憐的樹被纏得奄奄一息，原本以為是黃花酢漿草之類的野草，但想想它們絕不可能長那麼高，而且又沒有根，甚至，沒有綠葉子，後來我才發現，那叫菟絲花，是一種寄生植物。菟絲花沒有自我謀生的葉綠素、也不會長葉，它的生存方式，就是到哪裏、寄生到哪裏，用看似柔弱的枝條，勒住宿主、吸取養分，任何樹只要被纏上，就只有活活被吸乾的悲劇，而菟絲花那盛開的可愛圓球型小花，其實是為了準備寄生到下一個宿主那裏去的包藏禍心，菟絲花本體會隨著宿主的死亡而死亡，但下一個菟絲花早就已經準備好寄生到左右鄰居的身體上了！

可愛的小花，柔弱的枝條，就像小青的乖巧、就像小青的卡片。我終於明白為什麼兄弟姐妹不願意收留小青了，他們都被寄生過、痛苦過、煎熬過，然後為了讓自己的心靈不再被寄生，決定與小青絕裂！

台灣人取名字通常會考慮命中缺什麼、補什麼、取什麼名兒，沒有葉綠素、不願自謀生路、不想自立自強的小青，或許，無論出監或入監，仍然就是一株寄生上流的菟絲花。

07

渣男完全手冊

這工作十幾年來，我反覆觀察到一個現象，就是受保護管束人似乎很容易就能交到女朋友，而且更讓我覺得疑惑的是，他們換女朋友的速度比換季還要快！更讓人吃驚的是，這些女朋友的條件挺好的，我真的百思不得其解，為什麼這些可愛的小女生會願意跟我的個案們在一起……。

邀請小倆口一同進約談室，我曾經無數次當著個案的面，問過他們的女朋友，你為什麼喜歡身旁的這個傢伙？又不帥又不高、又沒什麼錢、而且還剛從監獄關出來沒多久，帶這種男朋友回家，大概絕大多數的父母親應該都會把女兒臭罵一頓吧?!你為什麼還要跟他在一起呢？小女生通常都笑得甜蜜蜜地說：「他對我很好啊！」然後我就再也問不出任何答案，所以我懷著這個疑惑十幾年了。終於，出現了個案瓦倫大情聖，替我總結了所有他們談戀愛的方式，我決定為了普天下的女性解開這個秘密，公布勝過X檔案的「渣男完全手冊」。

瓦倫大情聖有什麼資格被稱為瓦倫大情聖呢？他的外表不醜，算是中上而已，絕非男神等級，身高尚可，大約一百七十公分，體型中等，不胖也不太瘦，除了品味有點俗氣，愛掛金項鍊、刺青很多之外，簡單的說就是一般的直男。

瓦倫大情聖之所以具有代表性，是因為他交女朋友速度很快，更強的是，他可以同一段時間交往六、七個女朋友。目前，他正在努力同一段期間內集滿十二星座的女朋友！瓦倫大情聖有點遺憾地告訴我，因為時間不夠，收集到第八個星座就累了，暫時會停止在天蠍座……。我問他為什麼要同時間交這麼多個女朋友，瓦倫大情聖笑嘻嘻地說：「老師，這也不是我願意的，就跟人家聊天聊一聊，人家就喜歡我啊！做一個男人怎麼可以推三阻四呢？既然人家喜歡我，就要努力吧？是吧？」

所以，無論是網友、朋友、朋友的朋友，朋友的女朋友，朋友女朋友的女朋友，他通通可以變成自己的女朋友，最神奇的一件事，是他同時跟一對姐妹花在交往，姐妹花住在一起，甚至分享同一個房間，而彼此卻不知道彼此的男朋友是同一個，我實在覺得太驚人了！雖然我沒說出口，但總是暗自期待，某天瓦倫大情聖被姐妹花女友們同時打得鼻青臉腫後出現在約談室的畫面。

大情聖對於同時交往這麼多女朋友，其實覺得自己很辛苦，因為光是情人節，就比當紅巨星演唱會還忙趕場，而且要小心所有的人不能夠湊到一起。出於我對他「時間管理大師」的佩服與好奇心，我詳細的問了一下，瓦倫大情聖到底如何安排二月十四日情人節的檔期？

大情聖面露微笑，長長的嘆了一口氣，比手畫腳地對我說：「老師，我真的很辛苦、很辛苦耶！前兩天就先去台中，跟台中一號女朋友過完了情人節，然後再開車殺到屏東去，跟屏東二號女朋友也過完了情人節，這樣就要耗掉兩天了，情人節當天真的更累，早上要去接正牌的三號女朋友下班帶回我家，三號女朋友上夜班很累，所以把三號哄睡了後，接下來四號女朋友就剛剛好打電話，說人已經到我家樓下來送情人節禮物給我，我趕快輕手輕腳到樓下來，把四號女朋友的禮物收了，順便親一親、抱一抱四號女朋友，然後騙四號女朋友說我要趕去上班，所以要回房換衣服馬上出門，四號女朋友臨走還跟我說『好辛苦喔……你上班吧！愛你喔！加油！寶！』。然後我馬上趕到樓上去，幸好三號女朋友還在睡！三號女朋友睡醒吃飽了之後，再送三號女朋友化妝去酒店上班。接著就要趕快去赴五號女朋友的約，吃情人節晚餐，吃晚餐後，還有六號女朋友的宵夜欸！等忙完了六號女朋友，已經是凌晨了，我還得去接三號女朋友回家，累死了！」

一開始我只是嘴角失守，聽著瓦倫大情聖忙碌不已的約會行程，腦中不斷浮現他舌燦蓮花地哄著一個又一個的女朋友，心中想像他焦頭爛額的感受，我終於忍不住笑出來！我實在無法再秉持什麼專業中立的原則，笑罵瓦倫大情聖：「累什麼？你活該啦！」

大情聖秉持著自己一貫全力以赴的原則，即使累，也要滿足每一位女朋友的需求，所以「犧牲小我、完成大我」每個星期都去西藥房買「三五」！我聽不懂什麼叫「三五」，瓦倫大情聖神神秘秘的轉頭看看背後有沒有人，忽然壓低聲音說：「老師就是那個藍色小藥丸啦……」我一開始沒有聽清楚：「什麼？什麼玩？」瓦倫大情聖把聲音壓得更低，手指比在嘴唇上噓！噓！又轉頭看了一下門外有沒有別的同學經過：「哎喲，藍色小藥丸啦，老師你不會沒聽過吧！」我當然聽過啊！但問題是這麼年輕、不到四十歲的大情聖又沒有性功能障礙，怎麼可以吃這種來路不明的藥呢？況且這種醫師處方簽藥物怎麼去藥房隨便亂買？

大情聖又更加神秘壓低聲音說：「那種當然是偷偷賣呀！老師你如果去買，說要買威而鋼，老闆絕對不會賣你，你要講買三五！他才會賣內行人的啦！」為什麼是三五呢？似乎是三百五十毫克的意思，而且除了藍色小藥丸之外還搭配兩顆補品，吃下去威力百倍，這種亂服處方簽藥物甚至是來路不明的藥物實在是要不得，我正打算板起臉來訓話，大情聖就假裝一臉無奈地說：「老師，這我真的是沒辦法，而且我又不是吸毒，你總不能讓我太累吧?!」我馬上假裝生氣訓話：「你太累跟老師一點狗屁關係都沒有喔！是因為你一次交六個女朋友，自己害自己！」瓦倫大情聖得意揚起下巴哈哈大笑，但嘴裏卻叫苦連天：「真的有夠累！連爬樓梯上三樓來報到，大腿都快要抽筋，不過幸好有報到，今天我就可以公休！六個女朋友知道有老師都不敢吵著要我陪她們，幸好來報到！」我用力憋住笑，這真是我任職觀護人以來聽過最有趣的喜愛報到理由了！

說真的，我實在不知道這種不違法但很沒水準的渣男行為要怎麼處理，但是聽當事人這樣自揭內幕、毫無羞恥的詳細說明，卻又忍不住覺得很好笑，只好把大情聖的媽媽拉出來當擋箭牌問說：「你媽媽到底知不知道你這樣玩弄女孩子的感情？而且你帶那麼多不同女生回家，媽媽應該也知道你搞七捻三、花天酒地吧？」

這下子換大情聖更得意了！他毫不思索地回答：「我媽跟我同案啦！」什麼意思？原來是媽媽老早就知道大情聖的女朋友們多如過江之鯽，瓦倫大情聖從讀高職的時候開始，女朋友就一個換過一個，還得意洋洋地告訴我，高職的時候念美容美髮科，教官總想著要把自己弄到退學，因為全班女生他有一半睡過了……。大情聖的養成果然不是一朝一夕，瓦倫大情聖的娘，為了避免不小心讓兒子露餡，所以每個到家裏來的女生通通都叫做美女，每一個美女都是他的正牌女朋友，至於這位美女到底是誰，媽媽一概不過問，有了老母的加持，只不過是個外人的老師我，實在沒立場說什麼。

等我笑完也訓完話了，我忽然想起，其實我沒有掌握到大情聖真正成功的關鍵，就是他如何周旋在六個女朋友當中都沒有被發現呢？瓦倫大情聖馬上又轉頭看約談室門外，小心翼翼地對我說：「這是秘密……我雖然都會讓她們檢查我的手機，但是沒有一個女朋友發現！」這怎麼可能？不管是手機號碼或者是 Line 的對話紀錄都會被發現的啊！至少也看得出來跟某些異性過從甚密吧？大情聖又作賊心虛地轉頭過去看門外，我叫住了他：「你男子漢敢作敢當，怕人家聽見幹什麼？反正外面又沒有女朋友！」瓦倫大情聖笑嘻嘻地說：「沒有啦，習慣動作。小心一點總是好的嘛！跟老師說沒關係，就是啊，我跟每一個女朋友見面的時候，就會把跟這個女朋友的所有紀錄留著，把其他每一個女朋友的紀錄通通刪光光，這樣子就不會被發現。但是呢，下一次跟另一個女朋友見面的時候，就要上雲端把屬於那個女朋友的紀錄全部拉回來，所以要跟每任不同女朋友見面的時候，就要再重複一次，很辛苦的呢！」哇！原來如此！這下子我知道其中的巧妙了。

但是手機號碼怎麼辦？裏面一大堆 Nana、咪咪、小美、蘭兒、秀芬之類的這種名字，無論是哪一個女朋友應該都會覺得懷疑吧？瓦倫大情聖用彷彿發現金字塔木乃伊秘密的口吻對我說：「老師，我現在告訴你的秘密，只有你知道，連我娘都不知道，就是，我把每一個女朋友的名字底下全部寫的都是男生，大頭貼也全部都用男生，屏東小美的話就叫做屏東種梅子哥，台中莉娜的話就叫做台中立哥！所以她們從來都沒有懷疑我啊！」

原來如此啊！瓦倫大情聖還真是辛苦……但，抱歉，不，我絲毫不抱歉，我輕易地就把渣男的秘密公開了，為了天下的女性同胞們。

大情聖的全盛時期或許是集滿十二星座女朋友的時候，但是最讓我跌破眼鏡的是，他竟然能夠在被關在監獄的時候也有辦法追女朋友！而且他是關在男子監獄，非同性戀也沒有追女性的監所工作人員，而是貨真價實去追女子監獄的受刑人！兩個人素不相識，甚至從來沒有任何交集，是要怎麼樣跟不同監獄的人談戀愛呢？既不能打電話又不能見面，唯一的溝通方式只有寫信，可是連對方的名字都不知道，這種戀愛要怎麼談？而且到底要跟誰談戀愛？大情聖得意洋洋地告訴我：「要開庭啊！如果能夠被借提去開庭當然是最好的，因為開庭的時候就會看到女生啊，看不管是哪一個女生覺得長得比較漂亮，就問一下編號、問一下名字，反正女子監獄的地址大家都知道，回來就可以寫信了啊！」

拜託喔，瓦倫大情聖真是為戀愛不要命了吧，開庭萬一沒回答好，可是影響自己的性命與刑期欸，難道都不怕嗎？瓦倫大情聖樂呵呵說：「不會啦，有請律師嘛！反正法官、檢察官講啥鬼，我也聽莫宰羊啦，倒不如趁那個時間，要一張紙，折朵玫瑰花給女生，人家就臉紅紅地愛上我了啦！啊老師歹勢，我現在已經忘記怎麼折了，不然我現在就折一朵送給你啦！」

我！

才！

不要！

不想要渣男折的玫瑰花，但我很好奇瓦倫大情聖寫去追女朋友的信上都寫什麼？瓦倫大情聖一貫瀟灑無廉恥秒回：「隨便寫啊！」反正寫什麼都行，就是寫一模一樣的版本，監獄裏有時也會有「樣版」可以抄，自創的更好，大概就是「我見到你，心就一直跳、一直想你、想到睡不著覺、折紙盒也折錯之類的」，如果女方不回信，反正同工廠其他的人也是一樣可以，萬一真的都沒有開庭怎辦？瓦倫大情聖伸出一支食指「仙人指路」般搖了搖說：「那就點歌啊！」

「點歌？」

什麼意思？點歌？原來，中南部地區有幾個長壽的鐵窗傳情節目，專門服務受刑人，受刑人也會寫信去傳達彼此的思念，於是就被瓦倫大情聖這種渣男當做是把妹的工具。因為廣播電台大家都會收聽，就算當事人沒有聽到，同工廠，同舍房，同監獄的朋友也會聽見，監獄裏面很無聊也沒有任何的隱私，有任何一點小道消息八卦傳得都很快，所以馬上就會口耳相傳知道有人點歌給某某人了，被追求的女生或許願意，或許半推半就或許也只是想打發時間，兩個人開始魚雁往返之下，也許就產生了一點感情，開始談戀愛了。但是大情聖絕對不會只專情寫信給一個人而已，有時候不小心露餡，會有同工廠不同人都收到一模一樣的情書，這就尷尬了！但畢竟在監獄，女方也無法來修理渣男，所以也總是不了了之。

但是大情聖在跟這麼多女朋友寫信之後，似乎並沒有真的在真實世界交往，瓦倫大情聖哈哈大笑說：「我自己假釋出獄之後，就帶個會客菜先去看一下那些女朋友，會客了以後，問一下對方還有多少殘刑，如果還要關很久，當然就不聯絡了啊！所以彼此也都知道不會太久，分手就分手了啊，也沒什麼好難過的。」

我真的不知，我應該用什麼樣的心情或表情去看待大情聖這樣的感情觀念，但是在這些荒誕複雜的戀愛公式底下，似乎隱藏著濃濃的寂寞，或許，無論是大情聖的追求和這些女孩接受追求，都只不過是因為有人追求而已，至於是誰，是否適合，並不重要。在一起之後的兩人，與其說是兩人更像兩隻刺蝟，覺得很冷，靠近在一起想要取暖的兩隻刺蝟，卻總是刺傷彼此，雙方遍體鱗傷。於是，迅速地認識、相戀、相愛、分手。一個月的時間就可以認定彼此是老公老婆，臉書上面就掛著穩定交往，兩個月就分手鬧得你死我活，接下來很快各自勞燕分飛又尋找不同的伴侶。瓦倫大情聖是在這樣的時代下適者生存的代表，雖然我不認同，但既然不違反法律，我又能怎麼阻止他渣男的行徑呢？

所以為了善盡社會責任，在此公開渣男完全手冊，請大家閱讀使用說明書。

《投資愛情，有賺有賠，掛穩交前，請詳閱公開說明書。》

08

下雨天的朋友

我從小在經常下雨的地方長大，雨天表示牆上又要出現壁癌，白毛黴菌又要一團團成群結隊出現了，看了令人噁心。下雨天棉被受潮氣的影響，怎麼蓋也蓋不暖，我怕冷、怕潮溼，下雨天又表示塞車，會回堵成一團像黴菌一樣混亂的交通，總是讓我遲到被處罰，所以我一直很討厭下雨天。直到最近這幾年，我開始比較喜歡下雨的日子。或許，是因為有個人，每次來看我的時候都是下雨天。

他是下雨天的朋友。

並不是他具有召喚下雨的能力、更不是他是雨神，只要出現的時候就會伴隨著豪大雨特報。其實，只因為他是一個怪手司機，下小雨的時候勉強還可以施工，一旦下了豪大雨，就必須停工避免發生工安意外，然而工地具有挖土機與怪手執照的專業人士很少，所以他的工作應接不暇，他有空的時間，就只有下大雨的時候。一旦下大雨，他才終於能夠放假，所以不管今天是假日、平日、星期幾，對他來說都沒有任何區別，唯一有差別的，只有下大雨等於放假日，其他所有的日子，都是開挖土機或開怪手的日子。

長時間在大太陽底下開挖土機或開怪手，他的皮膚黝黑已經到了閃閃發亮的程度，比外籍移工還要像外籍移工。短短粗粗直直的頭髮，被陽光曬得粗糙沒有光澤，遠遠看來很像棕刷，配上他一雙滾圓的大眼睛，有稜有角的下巴線條，整張臉的組合就是剛猛有力！不知道為什麼，受保護管束人（以下通稱個案）走路的標準姿勢就是外八，他的外八又更明顯了一點，或許是因為開怪手的位子比一般車輛駕駛座大很多，有足夠的空間可以伸展外八的雙腿，所以他走起路來是「橫」、臉上看起來也是「橫」、整個人就只有一個「橫」字可以形容！再加上他假釋期滿後總在下雨天突然出現，我忍不住把他跟「空中猛蟲」——蜻蜓聯想在一起，就稱他「蜻蜓兄」吧。

蜻蜓兄一開始是從別的地檢署移轉過來的，我實在是不喜歡接受這種移轉案件，但是公務人員沒有挑選案件的權利，只能來什麼、辦什麼。蜻蜓兄剛來的時候，就保證已經不再吸毒、去工地認真的學開挖土機，也再三承諾會遵守法律。我都微笑以對，點點頭、但不表示意見。

老實說，每一個個案剛開始的時候，都拍胸脯保證自己絕對不會再吸毒，但是到了假釋期滿的那一天，真正乾乾淨淨的又有多少人呢？我很坦白的告訴蜻蜓兄，我不是不相信他的保證，而是任何的保證，都比不上每一次驗尿紀錄來得具有說服力，我不想聽到誓言、只想要看到行動。蜻蜓兄睜大了他那黑白分明的銅鈴眼，凝視著我，用他低沉粗獷的聲音對我說：「老師，你會看到的。」

接下來每一次報到，蜻蜓兄都會依照規定的時間來採尿，但是大多數的時候他都很匆忙，要不就是把怪手丟在某個工地、趕快騎機車跑來；要不就是把挖土機停在某個路邊、溜班騎機車跑來。即使地檢署從一樓大廳就開了冷氣，蜻蜓兄黝黑的臉上卻總帶著亮晶晶的水珠，他似乎毫不介意，任由亮晶晶的水珠滴到眉毛，順著眉毛往太陽穴旁邊滑下，直到水珠差那麼一點點就要進了眼睛，蜻蜓兄才隨意地舉起臂膀，用髒兮兮沾滿泥沙的袖子，把汗滴吸走，隔沒多久，亮晶晶的水珠又出現在他的額頭上了！蜻蜓兄用手背揮了一下，地上多了一個圓點，然後，他匆匆忙忙地踏著圓點離開，用他的外八字步趕回工地去了。

這種狀況下，讓我其實很難跟他好好的會談，但是有正常工作的蜻蜓兄要拚經濟，我也不想為難，所以很多次都先讓他去把「違規停車」的挖土機先處理好再說。直到，蜻蜓兄某天來報到時，興高采烈地坐下來直喊「老師，今天我可以休假了！我們可以好好開講！因為今天下大雨！」望著窗外大雨滂沱，一向討厭下雨天的我，從來不知道下大雨可以讓一個人這麼開心，他喜形於色地告訴我，他每天都看氣象預報，盼了好久終於下大雨，所以做了半天工之後，發現雨實在太大，工地主任只好叫大家回家，這是最快樂的一件事了！

蜻蜓兄很歡樂地跟我分享他終於考到了挖土機、小山貓、怪手的牌照，傳統工地會操作的沒牌挖土機司機不少，但有牌的卻很少，這三種牌對「職人」很重要，而且愈來會愈重要，因為多數遵守法令的工地或政府工程，都會要求駕駛這種高危險機具要有職業牌照，所以薪水自然水漲船高，仔細算算，不下大雨就不能休息的蜻蜓兄月薪其實比觀護人還高！我問蜻蜓兄工作以及考挖土機、怪手執照的細節，蜻蜓兄都很詳細地回答我，當我去蜻蜓兄家裏，跟蜻蜓嫂做家庭訪問的時候，也驗證他所說的幾乎都一樣，蜻蜓兄真的用行動來證明所言不虛。

可是，沒多久蜻蜓兄就出事了！蜻蜓兄一進門我就先把他飆罵了一頓，因為他學以致用的專業，竟然拿來非法處理廢棄物！現在正被檢察官偵辦中。蜻蜓兄黑得發亮的臉剎時變成豬肝色，他結結巴巴地說自己根本就沒有亂丟事業廢棄物，是地主要求他去開怪手整地的，工地的工頭可以證明，地主也可以證明，他並沒有違法、也沒有亂埋有毒廢棄物、更沒有做違法的開挖山坡地之類的危險工作，雖然蜻蜓兄一再保證，甚至願意讓我直接跟老闆講電話證明自己的清白，但是身為一個觀護人，我並沒有證明這些事實的能力，也沒有偵辦案件的法律依據，我只能對蜻蜓兄抱著半信半疑的態度，忐忑不安地等待偵辦結果。

在偵辦還沒有結果之前，依照法務部的規定，蜻蜓兄要一個月報到兩次，這意思就等於每個月蜻蜓兄又要多請一天假，少賺一天至少三千元的現金收入，一般受保護管束人每每對此抱怨連連，但，蜻蜓兄毫不猶豫地說：「只要老師願意相信我，報到幾次都沒問題。」

我其實很苦惱該怎麼看待這整件事，蜻蜓兄的廢棄物清理法案件到底是不是像他所講的一樣，只是地主要求去開挖土地卻被環保局所誤會，或者，其實是用合法掩護非法，一直在我所不知道的陰暗角落做著危害國土的事情？我不知道我該相信什麼或者不該相信什麼，這不像毒品案件，採尿結果是陽性或者是陰性，就很明確的知道是吸毒或者沒有吸毒，我只能一邊耐心等待檢察官偵辦的結果，一邊忍受蜻蜓兄抱怨偵辦過程，然後又是一陣拍胸脯保證自己絕對沒有違法。

蜻蜓兄假釋期滿前一個月，他興高采烈地從工地打電話給我，在咔咔咔、咚咚咚的吵鬧施工背景音裏大吼大叫，說他收到了不起訴處分書！電話裏其實我根本聽不清楚，只好叫蜻蜓兄報到的時候帶來，這張不起訴處分書確實是貨真價實，蜻蜓兄很得意笑著說：「老師，你看，你看，我真的真的沒有騙你喔！」確實如此，也很讓人欣慰，但更讓人驚奇的是，蜻蜓兄拿出另外幾張紙，都是政府的公文，問：「老師，之前我就想要請你幫我看，可是那時候有案子不好意思說，現在沒有卡案子，老師可以幫我看看這個嗎？」

不看還好，一看大吃一驚，蜻蜓兄竟然寫信到南部的五個監獄，去請求監所開設挖土機課程，而且還自己規劃了簡陋的課程表、預算表，表達願意去義務教學！各監所也回函給蜻蜓兄，有的表示受限面積無法配合、有的表示即將改建不能配合、有的願意但是沒有經費、有的可考慮但是沒有挖土機也沒有經費……。

蜻蜓兄為什麼要培養其他「同學」跟自己有一樣的專長呢？這樣就業市場不就會產生排擠效應嗎？蜻蜓兄難道沒想過這樣自己會吃虧嗎？這十幾年來，說想回饋社會的受保護管束人很多，但真的去做，而且是用合法、正式的政府管道去做的，簡直是鳳毛麟角啊！蜻蜓兄一臉正經地拜託：「老師，我不太懂要怎麼繼續，但我真的、真的、真的很想教同學開挖土機！在裏面作業工廠，出來都沒路用，但是會開挖土機就一定不會餓死，就像我！」

老實說，我也不懂蜻蜓兄的願望要怎麼做才可能開課，但是，看著蜻蜓兄炯炯的雙眼，似乎也點燃我的鬥志，我把公文影印了以後收下來，坦白地告訴蜻蜓兄：「老師也不知道，但，讓我想一想。你期滿之後，有空再連絡我，我們再試著努力看看？」

「好。老師，我下雨天會來。」

「不要突然跑來啦！先打電話來。」

「可是，我不知道什麼時候會下大雨啊！」

「呃……，那要以報到同學為優先，你已經畢業了，不是同學，要等他們都報到完。」

「那有什麼關係，反正下大雨啊！」

「……」

我想了很久，翻來覆去把那些公文看得幾乎都會背了，突然靈光一現，之前在報章雜誌上看過某位建築業大亨似乎也曾有更生背景，後來也積極慈善活動，那麼，也許他會願意出借或出資或出租中古挖土機，讓有足夠場地的監所來開設這更生人教授未來更生人的挖土機課程啊！我替蜻蜓兄寫了一封文情並茂的信去給大亨，但，沒有回音。我告訴蜻蜓兄，他卻一點也不沮喪或生氣，只是笑笑：「老師，嘸要緊，再找別人啊！」這下換我苦笑抓頭了，我是要怎麼去找別人啊？

沒多久，疫情來了。

疫情最嚴重的時期，任何聚集的活動都不能也不適合辦，蜻蜓兄的挖土機課也不用想了。某天下大雨的時候，蜻蜓兄又突然出現在我約談室門口，只是為了「經過附近來看看老師好不好」，我猜也知道這怎麼可能是路過，但總而言之疫情也必須暫停蜻蜓兄的期望，他仍然笑笑：「老師，嘸要緊，總有機會啊！」

疫情和緩之後，我終於找到可能的機會，但再回頭看蜻蜓兄的資料，已經足足過了三年，有許多要修改的地方，我試著打電話給蜻蜓兄，在電話等候音唱著輕快台語歌時，我心裏卻很緊張，因為，每一個觀護人都知道，個案經常換手機、換地址，甚至換老公或老婆，更何況是已經期滿三、四年的「前」個案！萬一，蜻蜓兄來個相應不理，甚至掛我電話呢？在我胡思亂想的時候，電話突然接通，卻仍然是咔咔咔、咚咚咚的吵鬧施工背景音，陌生感十足的聲音喊著「喂！」我報上來意，對方仍然大聲說「喂！喂！嘸聲啦！」我只好大叫，蜻蜓兄興奮地說：

「喔！老師，你終於出現了，我找你好多次啦！你聽我說聽我說……。」

我忍住想知道蜻蜓兄的近況，只好打斷他：「等一下啦，先問你，挖土機開課的事，你還想做嗎？」

「當然！在我死之前，都要做！」

有這麼堅決的意志，我打從心底笑了出來，真像是昆蟲界的空中霸主蜻蜓，我替蜻蜓兄取的外號還真是適合，既然要做，就要重改資料、要重新規劃，而且不保證成功，蜻蜓兄願意花這個時間嗎？

毫無意外地，蜻蜓兄說：「好，我下雨天過去找老師。」

「不要像上次那樣突然跑來啦！先打電話來。」

「喔好！最近會去啦，最近氣象說會下大雨，我下大雨就去！」

好像不管我怎麼說，都是這個答案，算了，就像大雨過後總會出現蜻蜓飛舞，蜻蜓兄也總是隨著大雨現身。然而，在蜻蜓變成空中霸主之前，是池塘裏不起眼的水蠆，牠們漫長的幼蟲期躲在幽暗的水底角落裏爬行，見不得光，直到羽化重生，蛻變成雄壯的蜻蜓。蜻蜓兄度過了灰暗的毒品生涯與監獄時光之後，學到一技之長，就像飛上天空的蜻蜓，自由、精巧而敏捷，但牠們卻從來不是只想到自己，蜻蜓的願望，是有更多蜻蜓一起飛翔！

我一直不明白，即使可能增加自己的競爭對手、減損自己的工作機會，蜻蜓兄卻始終堅定有這樣的願望，或許是我的智慧不足，所以才無法理解蜻蜓的願望。但是，亞當史密斯（Adam Smith）[1]可能跨越時空與國界，為我解釋了蜻蜓的願望，他在一七五九年出版的《道德論》（*Theory of Moral Sentiments*）開頭就寫著：「不論我們認為人類有多自私，顯然人類本性中自有原則，這些原則，讓人類對人的財富有興趣，又能讓他人幸福，這對自己而言是必須的。雖然人類不會從中得到什麼，但是僅僅見到他人幸福，自己便感愉快。」

是的，雖然不會從中得到什麼，但是僅僅見到他人幸福，自己便感愉快。

那就是，蜻蜓的願望，與我的願望。

1 蘇格蘭哲學家，一七七六年出版的《國富論》成為現代經濟學的基礎，被尊為經濟學之父。

09

青蛙王子的徵婚啟事

各位看過青蛙裝嗎？

沒有看過的人，可能很難想像是什麼樣子，用常見物品來具象化形容，應該是結合吊帶褲和兩截式雨衣下半身的綜合體，用很厚的塑膠布製作的兩截式雨衣褲子，高度拉到胸前，然後用兩條塑膠條，左右各一，綁在肩膀上面固定，這形狀看起來就像吊帶褲，顏色有綠、有黑、有綠到變成黑，也有黑到變成綠，端看使用環境的藻類多寡或髒污情況到什麼「髒度」，藻類多就容易變綠，環境髒就容易變黑。

青蛙裝的使用都在水塘或漁塭裏，所以高度必須到達胸口才有防水的效果，但又不能困住雙手，手的部份要全部露出來才能靈活工作，衣服上面使用塑膠繩來固定才不會吸收水份讓穿的人愈來愈重，外形一看就是又寬又大又厚，毫無美感可言。穿脫都很不方便，因為從腳一直連到胸口全部是一體成型，簡單來說除了胸口以上的地方全部都被塑膠布包著。穿著青蛙裝在夏天是無比的悶熱，冬天就是冷到刺骨，一旦下了水，青蛙裝裏面流汗潮溼黏住皮膚，就算癢也抓不到，只能拚命忍耐，這是淡水養殖漁業與高雄美濃水蓮田裏必備的制服，漁港裏的工作人員也經常都必須穿著，所以當我們有機會吃到各種水產食品的時候，都是穿著青蛙裝的「蛙友們」流著大滴汗、小滴汗辛辛苦苦貢獻出來的。

我知道青蛙裝是什麼，也看過吊在架子上滴水的青蛙裝，但是第一次親眼看見個案穿著青蛙裝工作感覺卻非常有趣！或許可能不是因為青蛙裝有趣，而是穿青蛙裝的人實在太有趣……。

出獄後沒幾天他就找到顧漁塭的工作，每天幾乎都穿著青蛙裝，無縫就業的原因應該是他完全不在意各種符合勞基法的規定，並且吃苦耐勞，願意住在魚塭旁邊的鐵皮屋裏面，屋裏有各種電線與開關，控制抽水馬達，髒亂不堪，只放了一張簡陋的床和吃泡麵便當的矮桌，就這樣，日夜不休息地看管養殖池裏脆弱的烏魚。工作雖然辛苦、薪水也不高，但是每次來報到的時候，他都很快樂，因為這是他成年後人生當中少數正常的工作，這讓他很有成就感、在家人面前也終於抬得起頭來，每每講到我都忍不住好奇心，在十二月的寒冬裏，頂著寒流也非得走一趟這個有趣的工作場地。

因為從早到晚待在漁塭實在太無聊，所以家人就幫他買了一窩小雞，讓他一邊養魚、一邊養小雞。一方面是作伴，另一方面小雞長大了也可以拿來進補，不管怎麼樣都划算。活生生的小雞很可愛，比動畫還可愛，柔軟的黃毛夾雜著黑色的細毛，一球又一球，滾圓滾圓的模樣，讓我打從心底笑了出來，嘴角失守的我完全喪失「老師」的嚴肅形象。小雞發出細細的啾啾啾啾啾啾叫聲，擠在一起，變成一大團，每一隻小雞都想要擠進橘黃燈泡底下那裏最溫暖的地方，所以一直擠來擠去、擠來擠去、擠來擠去，雖然很臭，但怎麼看都好可愛！

除了小雞之外，他顧漁塭時可以講話的對象還有狗，漁塭通常都很偏僻，經常有流浪狗，其中一隻跟他感情最好，後來就被收編，直接綁在鐵皮屋旁邊看管漁塭，晚上有個講話的對象也才不會太無聊，既然養了一條狗總是會取名字吧？他笑著跟我說：「這呆狗很白目，所以就叫牠白目仔。」第一次聽到狗取這種名字，我又忍不住笑出來！他看到老師笑了，更加得意：「老蘇，白目仔真的白目啦，憨狗啦！有別的流浪狗生了狗囝仔就跑，我怕小狗餓死，抱回來養，上次來報到，叫白目仔幫我顧一下，誰知道回去就看到小狗咬著白目仔的蛋蛋想吸奶！白目仔動也不敢動，就給狗囝仔咬著痛，看見我才一直哀哀叫救狗喔！」

想像他說的畫面，我真的再也憋不住，口罩也遮不住我的笑聲……。

傳統的命名學是命中五行八字缺什麼補什麼，個案界的命名學是長相、小名、混的地方，他能把狗取這種名字，自己的外號也很令人發噱，大大的眼睛、橫寬的臉蛋，配上粗黑的皮膚與滾圓的肚子，常常穿著青蛙裝，自然而然被叫做「水雞」（閩南語、青蛙之意）。

研究水雞的案子有點奇怪，幾乎都是財產犯罪，卻看不見毒品案件。我猜，或許是毒品案沒有被抓到？我直截了當問水雞，當時為什麼犯下一連串竊盜、搶奪、侵占的案子，難道是為了吸毒嗎？

一般個案都會很明確回答我有或沒有吸毒，但，水雞竟然掉下了一顆一顆又一顆豆大淚珠……水雞哭了好一段時間，用哽咽的聲音，一邊吸鼻涕、一邊娓娓道來：那時，女朋友在吸毒，自己賺的錢根本不夠給女朋友吸毒，只好偷拐搶騙，先從家裏、鄰居開始騙，沒多久就出包，所以家裏人當時都很看不起自己，在家鄉附近混不下去了之後，帶著女朋友兩個人一起躲到中部去。不是去偷錢就是去詐騙，有時候看到有機可乘，搶人家的現金，但這些都不是最後悔的一次，水雞最痛苦的記憶，是曾經行騙一位非常窮困的老阿公！

當時水雞騎著摩托車在路上漫無目標地尋找可以下手的機會，老阿公推著一台資源回收拚裝車，衣著也破破爛爛，看起來非常純樸，水雞就假裝問路，老阿公很親切地跟他聊了起來，水雞開始胡說八道，讓老阿公以為水雞是某種有才華的年輕人，所以相信了他，水雞假裝好心說要載老阿公回家，然後再把資源回收幫他推回家去。老阿公太過單純，相信了水雞的謊話，就上了摩托車，一路上，水雞都在跟阿公聊天，編織自己很會賺錢投資的假相，騎到了阿公的土角厝，水雞忽然有點後悔，因為老阿公的家是破破爛爛的土角厝！

老阿公一到家，就在家裏翻找了一陣，從床鋪底下的糖果盒裏面，找到了一疊髒兮兮、皺巴巴的紅色一百元紙鈔，還有一堆十元、五元的銅板，糖果盒搖起來匡鐺匡鐺響，一看就知道這是老阿公賣資源回收的所有積蓄。水雞良心突然發現，對老阿公說：「這個是你的老棺材本，先留著吧！」沒想到，老阿公用瘦骨嶙峋的雙手，堅持把匡鐺匡鐺的糖果盒推給水雞，接著，又握著水雞的胖手說：「年輕人，你幫我投資，我真的相信你，這筆錢就拿去，這樣我才有機會多一點棺材本！」水雞想到女朋友還躺在家裏等自己買便當回去，於是良心就直接被狗吃了。水雞拿起鐵盒子就要走，老阿公還傻傻的追出去說：「少年Ａ，你不是要載我回去推回收車回來？」水雞就又載著老阿公出去漫遊，沒多久，老阿公也迷路了，所以就任由水雞載來載去、載來載去，載到跨越了縣市，水雞看到一個四下無人的偏僻地方，就跟老阿公說要停車下來尿尿，老阿公想想自己確實也是想尿尿，不疑有他地下了機車，一下車，水雞就猛催油門呼嘯而過！留下身無分文的老阿公，在一個完全陌生又沒有人的地方，不管他的死活了。

水雞哭得很傷心，這次被關的時候，晚上作夢都會夢見老阿公推著回收車的模樣，白天就時常在想這個老阿公是不是會沒辦法回家？但是，當時的水雞只想著要趕快把這些錢拿回去給女朋友！女朋友看見了現金，高興得眼睛發亮，立刻抓起紙鈔就出門去買毒品了！吸了毒之後，女朋友心情大好，抱著水雞的脖子說他真是個世界上最棒的男人！女朋友就這樣一而再、再而三跟水雞一起過著偷拐搶騙的日子，甚至，寄生在水雞身上，任由水雞去偷拐搶騙來供女朋友吸毒，直到突然有一天，水雞從外面打破別人的車窗偷錢回來之後，發現女朋友吸毒過量暴斃死在床上。

事隔多年，水雞卻還記得女朋友的忌日，毫不猶豫光速般地告訴我是民國幾年幾月幾日、哪一個時辰、女朋友的塔位在哪裏。我完全沒有預期到水雞會跟我說這些案外案，我甚至無法理解為什麼要為了供應一個女朋友吸毒，讓自己沉淪犯罪的深淵，我必須告誡水雞這種亡命鴛鴦愛情生活是不負責任的，我有責任提醒水雞，健康的伴侶關係必須建立在合法的生活之上！但，或許就像童話故事裏面的一吻定情，就注定一切，只不過吻了水雞的不是公主，是另一隻水雞，所以水雞沒有變成王子，卻擁有一份真真切切的愛情。在失去伴侶的同時，水雞的生命意義似乎也消逝了，他漫無目標的活著、行屍走肉般等通緝，直到服刑後重新歸零再從頭開始，雖然，水雞的外形一點也不英俊，要勉強說好看都違背良心，實在無法主演浪漫的愛情劇，但我卻似乎看見了一首典雅的情詩活生生的在我眼前具象化了起來。

你是一樹一樹的花開，
是燕在樑間呢喃，
你是愛，是暖，是希望，
你是人間的四月天。

——林徽因

水雞報到的最後一天，又哭了，黑白分明凸凸的大眼睛，像池水般滿溢出晶瑩的淚滴，最後，水雞用袖子抹抹鼻涕眼淚，婉謝了我的衛生紙，咧開寬寬的大嘴巴、露出有點黃斑黑點的牙齒，送我一個大大的笑容說：「老蘇，感謝你，我終於畢業了，我一生都不會忘記你！」

「不用謝，是你自己努力，忘記老師也沒關係，只要你好好過日子就行！」

「不行不行！我感謝老師，請老師要來吃烏魚子！」

「呃，老師不能被請吃烏魚子，你記得老師，就寫教師節卡片來好了。」
「老蘇，這是你說的厚?!卡片可以厚？我會真的寫喔！」
「當然！」
講完這段，我就忘了，因為，絕大多數的個案期滿之後，就融入社會、消失不見了，這是好事，當了這麼久的觀護人，也習慣了。但對水雞來說，似乎忘記老師是罪大惡極，所以直到今日，我大概二、三個月就會收到一封信或卡片，用他寬大、橫畫、粗筆的「水雞體」，報告近況；有時會接到電話，抱怨老師怎麼不來家裏玩？最近，抱怨的內容是催婚。水雞的爸爸媽媽看到他的轉變，家庭地位大大提升，天天替水雞做便當、關心水雞的日常生活，又怕他老了沒伴，常叫水雞去找對象結婚，水雞不知該如何是好，竟然打電話來問我：「老蘇，你有認識很多同學厚？有沒有欠個伴的？阮阿母說老蘇介紹的一定好，幫忙牽個線啦，老蘇！」
「呃…報到的同學男生比較多，沒有女同學可以介紹啦！」
「老蘇，啊是不是有男同學的冰友可以介紹啦？厚，阮阿母快把我煩死了！」
「水雞啊！你是把觀護人當媒人婆嗎？還是介紹所？還是廟裏的神明，什麼都會嗎？」

「啊？老蘇嗎？當然是什麼都會的啊！」

「……。（汗）」

事到如今，我乾脆幫水雞寫份徵婚啟示貼在大門口好了！

誠徵婚友

姓名	水雞
性別	男
徵求對象	女。成年即可，無上限。男主角年約50歲，女主角請自行評估適合年齡
性格介紹	誠懇、老實、愛護小動物、孝順父母、友愛手足
外形說明	如姓名，請自行想像
重大訊息公開	有前科、假釋已期滿。介意者勿試。無誠勿擾。

水雞啊，觀護人老蘇不是月老，也不是註生娘娘，接下來，就靠你自己囉！

10 白羽毛

「老師啊，多謝你，我快要期滿了。」

「不用謝，假釋是你自己的，未來不能再惹事，要好好照顧自己、照顧家人。」

「講到這個，我可以問一下我弟弟的問題嗎？」

「你弟弟？」

「對啊，他也是吸毒，呷糖啊的，他吸到腦袋怪怪的，該怎麼辦？」

「怎樣怪怪的？」

「就是，他之前就有肖病，住院過一陣子，然後又呷糖啊之後，最近藏了猴子屍體在床鋪底下，都長蟲了好噁心，蟲都跑出來家裏四處爬，才被我媽發現，然後，他又一直不吃肖病醫生開的藥，好像叫做精神分裂的藥，而且他最近白天都睡覺，晚上都跑出去，整夜不回家，鄰居都來跟我家告狀罵他吵死了，說他在跟電線桿吵架！」

「跟電線桿吵架?!吵輸還吵贏了？」

「應該是吵輸了，聽鄰居說，最後我弟弟大罵一句：『麥造！尬恁爸試看麥！』然後才走掉……。」

「嗯……這個問題比較複雜，看要不要轉介衛生局，然後請你一定要逼弟弟去醫院看精神科，打長效針或吃藥，而且非戒毒不可，否則治不好的！」

「好，謝謝老師！」

這，什麼對話?!個案走了以後，我突然覺得自己問的問題真可笑，個案認真回答我的內容也很好笑，想像那畫面，實在太超現實了！

過了幾天，現世報就來了……。這位肖弟，分到我這股。

無論心裏罵了多少句髒話都無法減損一點我的不爽，但事實就擺在眼前，兩兄弟分到同一位觀護人的機率有多高？既然遇到了，只能處理，強迫自己往好處想，至少前一位哥哥已經把家庭狀況交代清楚，我就不必再花時間跟肖弟問太多基本資料了。

明明是親兄弟，肖弟不只長相跟哥哥完全不一樣，其他也一概不同，一個胖、一個瘦；一個從來不受女性青睞、一個女朋友交不完；一個腦袋混亂不堪、一個精明甚至奸巧。應對這兩兄弟，我必須採取完全不同的策略，得到的回饋更是天差地遠——肖弟經常八竿子打不出一個屁來，永遠活在自己腦中的幻想世界中；哥哥經常主動講一大堆事，但我卻很難確認這些事的真實程度，同一個家庭、同一對父母，生出來年紀只差三、五歲的兄弟，竟是如此不相同，我真懷疑是抱錯小孩了嗎？兩兄弟唯一的共通點，就是都吸安非他命，奇怪的是產生的效果卻完全不同，肖弟得了舊名精神分裂症的思覺失調症，哥哥卻神智清楚而且反應與說話都很敏捷，而且最令我驚訝的是，兩人吸毒的起源與供應商全然不同，哥哥很直接的解釋是因為從小到大兩兄弟的交友圈就不一樣，兄弟也不常玩在一起，更不會一起吸毒，所以兩個人也都是分別被警察抓到後，家人才知道吸毒這件事。

肖弟報到時多半很安靜而且反應遲緩，點點頭、說好、不好、再見，驗尿完就結束，有時候會突如其來的激動或暴怒。等候區的肖弟常會一邊走來走去、一邊自言自語，偶爾發出詭異的笑，有時生氣罵三字經，情緒轉換極度快速，在我還來不及搞清楚剛發生什麼事時，他突然又一臉平靜地坐好了！在肖弟後面等的個案，常常一邊用手指在太陽穴附近轉圈圈，一邊偷偷問我：「老蘇，剛那個，頭殼破破厚？」不只其他個案看肖弟覺得怪，憑良心說，看到這種精神疾病患者的不可預期行為，真的會讓人心裏發毛，因為誰也不能保證，坐在我對面安靜報到的肖弟，眼神詭異，目光沒有焦點，會不會突然凶性大發然後動手攻擊我呢？

法律規定要完成的職責，我再害怕也得做，只好就這樣提心吊膽著持續讓肖弟報到。有一天，住得很遠的肖弟帶了二個超大型的髒兮兮塑膠瓶子，目測至少有六千毫升的那種胖瓶子，到地檢署裝水回家喝！我婉轉勸阻，肖弟竟然笑呵呵的說：「這裏的水，很好喝啊！」

我每天會喝地檢署的水，到底地檢署的水有什麼特別美味我真的不知道，但是，扛著這麼重、騎機車回家至少要五十分鐘，浪費體力浪費汽油，怎麼樣都不划算啊！幸好，過一陣子，肖弟不再拿瓶子來，卻不肯坐在等候區的椅子上。明明椅子沒有人坐、更不會有人跟肖弟搶位子，肖弟卻擠進牆角邊，痴痴地望著斜對角天花板上空虛的一個點，無論我怎麼按號碼燈叫號，肖弟都聽不見，直到我以為都沒人來報到，走出約談室，嚇然發現縮在牆角的肖弟！

地檢署的所在位置比較市郊，生態系豐富，梅雨季時常有馬陸四處爬。馬陸的外形腳很多、身體長長得像蜈蚣，但沒有毒也不會對人產生任何危險，只是我不小心沒閃過一腳踏扁牠時「趴咭」一聲感覺很噁心。對一般人來說，馬陸是一種不討人喜歡，但也不可怕的生物，但肖弟有次來報到，突然像被施了魔法咒一樣雙腳死釘在門口，怎樣也跨不進來，叫他的名字，也死不肯動，良久才喃喃自語「有蟲、蟲，蟲……蟲，好可怕……」。我看了半天才找到約談室地板的角落，有隻無辜的馬陸自顧自地走著牠的路，我真是哭笑不得，一個大男人為了一隻小馬陸，怕成這個樣子？

但想想肖弟是精神疾病患者，本來就不能用正常人的角度思考事情，只好讓他先坐在外面休息一會兒，等馬陸去了牠想去的地方，再叫肖弟進來。肖弟再回約談室時，感覺又很不一樣，完全沒有害怕任何東西的模樣，卻拚老命用髒兮兮的手指甲抓自己的手臂或臉頰或脖子，抓得皮破血流，整個人焦躁不安，甚至口出髒話，問肖弟為什麼一直抓？肖弟很生氣地說：「多！蟲！裏面！有蟲在爬，在裏面！」叫肖弟去驗尿，肖弟突然抓狂大罵：「你！你！都不相信我！都懷疑我！我才不是！幹！三小！」然後，就衝出約談室不見了！

雖然我老早就知道肖弟精神不正常，但，這種突如其來的暴怒、瘋狂的情緒，實在讓人難以招架，我頭皮發麻、耳朵嗡嗡作響，呆了半天，才整理好這種驚嚇。想想肖弟會造成鄰居、路人多少的驚恐，實在不宜放任他在外趴趴走，於是我打電話連絡肖弟的父母希望強制肖弟就醫，父母竟然都不願意接我電話，我連絡肖弟的哥哥，或許是「前個案」還賣觀護人一點面子，很誠實地告訴我，父母親管不動肖弟、也不想管，只能等他出事了，再讓警察抓去就好！我忍不住有些肝火，這不是把自家問題往社會丟嗎？萬一肖弟殺人放火了，難道一句「管不動」就了事嗎？哥哥苦笑不已，只能感謝上天，肖弟至少到現在「還沒有」殺人放火。

雖然安非他命是二級毒品，但，從業十多年以來，我個人最痛恨的毒品其實是安非他命，而不是一級毒品海洛因。在吸安非他命的個案身上，充滿暴力、焦慮、不穩定性，他們對社會與他人的治安危害，遠勝過海洛因。在觀護執法上，安非他命使用者也常常會想挑戰或與觀護人衝突，因為安非他命這種中樞神經興奮劑，讓使用者亢奮甚至覺得自己無所不能，更可怕的是，引發幻聽、幻覺甚至幻視，覺得自己看見鬼、變成神、聽見別人說自己壞話、感到異樣的皮膚觸覺，尤其是安非他命重度使用者會疑神疑鬼的覺得別人要害自己，這種被害妄想，最容易投射在想約束自己的人身上，所以，觀護人就很容易被想像成拿筆像拿開山刀要砍他的怪物了。以肖弟的狀況來說，到底是原本就有思覺失調的精神疾病才導致這些怪異行為，還是因為吸食安非他命導致幻聽幻覺這些共病的病徵，亦或是思覺失調加上安非他命共同糾纏在一起讓肖弟的大腦一團混亂？我已經無從分辨。

後來，肖弟就不來報到。雖然不用看見他。心裏感覺比較平靜。但是依法執行要撤銷假釋，還是要去做家庭訪問，想想他不知道在家裏吸毒吸到什麼程度，我去的時候會不會發起瘋來拿菜刀要砍我？萬一被砍死了可能還沒人知道我在哪裏？

為了避免訪視時，內心小劇場的恐慌發作，於是好聲拜託，請朋友陪我一起去，就算不能保護我，至少幫忙看情勢不對就轉頭快跑，兩人一起逃命時，可以一個叫救護車、一個叫警察，可能會比較容易脫身！

肖弟家是老舊公寓的五樓，連一樓大門也沒鎖，站在信箱前就隱隱約約傳來淡淡的臭味，走樓梯感覺很奇怪，原來是樓梯的梯面大小不一，堆積髒亂雜物在各樓的玄關，扶手灰塵滿布，我小心翼翼抓著髒兮兮的扶手往上爬，到五樓時，我已經氣喘吁吁，原本想整理一下心情，但是一上五樓竟然看見肖弟！

肖弟家鐵門沒有關，他就這樣大喇喇的穿著一條內褲、沒有穿上衣，蹲在地上，他很專心的在看面前、在籠子裏走來走去的白色來亨雞，一籠大概有五、六隻。我現在知道臭味是怎麼來的！因為他家裏的陽台布滿了籠子，有雞籠子、有鴿籠子、有鴨籠子，還有我其實看不太清楚到底是死掉了還是活著的某種動物裝著的籠子，總而言之，整個五樓充滿了雞屎的味道，肖弟蹲在地上，並不是為了給雞餵飼料或者是裝水或者是清潔，他就是蹲在那裏，靜靜地、靜靜地、靜靜地看著這些雞！

我叫他「肖弟！」他聽見自己的名字，慢慢轉頭過來看我，卻始終維持著這個蹲著的姿勢，完全沒有想站起來的意思，只是把頸子扭動、把頭轉過來而已。這實在不符合我一生所經驗到的正常社會生活禮節，所以，我不太確定應該要什麼方式去應對這蹲在我面前的人，我該蹲下去嗎？但我怕他攻擊我！我該叫他站起來嗎？但我不想刺激一個精神疾病的患者！我腦子裏迅速轉過許多念頭，卻無法選出一個最佳方案，畢竟這是我人生當中的第一次，遇到一個蹲著的人跟我對話，而且他自始至終都不願意站起來，所以，我決定放棄，不管他用哪種姿勢，我只要把所有要講的事情，用最簡單的方式、最少的語句、跟他交代完畢，然後迅速地逃離現場就好！因為這場景實在太詭異了，我一分一秒都不想要再繼續待下去啊！

奇怪的是，肖弟竟然主動的、輕輕地、叫我一聲：「老師。」

我有點驚訝：「肖弟，還記得我是老師喔？」

他說：「對啊，老～師～。」

「那好，你上個月應該來報到卻沒有來報到，我已經寄告誡函給你了，下次報到時間是二十號，禮拜三，記得喔，不要忘記準時過來報到驗尿，不然我要撤銷假釋了。」

沒想到肖弟點點頭小聲地回答我：「好。」

這反而引起我的懷疑，這聲「好」，到底是聽見了的意思，還是會來的意思呢？我忍不住又再多問了一句：「肖弟，你什麼時候要來報到？」

他極度遲緩地說：「下。星。期。一。」

「不是！是二十號星期三！你跟我再講一遍，你什麼時候要報到？」

肖弟在整個對話過程中，繼續蹲在地上，眼睛幾乎沒有眨眼，空洞地看著我，又緩慢地說：「下。星。期。一。」

我忍不住大聲地說了一句：「二十號啦！星期三！」

然後，他就慢慢把頭又轉回去，繼續看他的雞了！

我實在忍不住了，大喊聲：「看告誡函啦！」然後飛也似地狂奔，離開這個樓梯、遠離濃厚的雞屎味。

活著逃離可怕的現場之後，我跟朋友相視而笑，朋友忽然模仿起他緩慢的說：「下。星。期。一。」的樣子，我無法撐住任何自我控制力，兩個人完全喪失克制的在大街上瘋狂地笑了起來！笑到我的眼淚都掉出來。是因為過度緊張，放鬆之後產生的副作用？還是幸運的活下來逃離了有生命危險的地方才笑出來？或是，我終於了解愛因斯坦的名言了嗎？

A question that sometimes drives me hazy: am I or are the others crazy?

有個問題讓我覺得困惑，到底是我瘋了？還是其他人瘋了？

在我笑得喘不過氣來的時候，天空突然下了點小雨，仔細一看，並不是下雨，似乎是從肖弟家飄下了一點東西。順著氣流，緩緩的，一邊旋轉、一邊掉落，在我眼前，一根彎曲的羽毛。雪白的羽毛輕柔飄逸，在太陽底下反射著美麗的光芒，我伸出手去接，想讓羽毛落在我的掌心，隨著羽毛愈轉愈近、愈轉愈近，就快要碰到我的掌心時，我終於看清楚，羽毛上面黏著一坨雞屎！我趕快把手抽回來，讓那坨雞屎羽毛摔到柏油路上，隨風又滾進下水道裏，污泥跟髒水迅速將白羽毛染成黑色，原本還靠著浮力飄在水面上，沒一會兒，便沉淪了。

白羽毛是想告訴我什麼人生意義嗎？我抬頭看著他們家，肖弟那已經與安非他命牽扯不清的大腦，無論原本有多麼的美麗，現在就像是沾滿了雞屎的白羽毛，纏成了一坨，或許再也沒有清醒的一天了！又或者，我根本還是誤解了愛因斯坦？真正腦子一團漿糊的其實是我嗎？

A question that sometimes drives me hazy: am I or are the others crazy?

11 梵谷不哭

一進約談室，我就覺得這新個案是「八十九」[2]。

更糟的是，後面又跟進來一個中年婦女，從頭到腳身上的顏色是紅加綠、加紫、加銀還配半透明紗裙，全身亮晶晶。全身是指從頭髮開始，我已經很少看見這種造型，長長捲捲的頭髮綁起來，抹滿髮膠硬梆梆地一根都不亂，還撒滿了亮片粉，像棵聖誕樹般亮銀光，她足下踏著閃閃發光的厚底假鑽涼鞋，頗有「首尾呼應」的味道，大概是重現阿哥哥年代的俗麗風格，這獨特的美感風格真是令我在心中苦笑不已。但，後來讓我笑不出來的是，這位媽媽一直搶著幫兒子回話，我忍不住一陣煩躁，還有比八＋九配媽寶更難搞的組合嗎？

「這位媽媽，請你暫時不要講話，我有問題直接要問他本人！」

「啊老蘇啊，系按妮啦，哇來貢……。」

「媽媽請安靜！」

我用無比嚴竣的眼神，怒視著八＋九媽寶的娘，此時，八＋九媽寶的娘，用力地、硬生生吞嚥了一口口水，喉頭向下滾動著，彷彿這樣才能把即將說出口的一大堆話全部吞回去，她持續囁嚅著嘴唇，不敢再發出聲音。

案件當事人八＋九媽寶始終一言不發，靜靜地看著我，偶爾轉頭看著媽媽。仔仔細端詳發現，八＋九媽寶個頭不高，體態精瘦，全身都是刺青，眼睛又黑又大，斜低著頭時，有點三白眼，使人感覺不是很舒服，卻也不太具有威脅性，但這種性侵害犯罪的個案，通常也很難從外表看得出什麼端倪，所以即使是緩刑，我也會比較小心謹慎。

「文森，看著老師，不要看媽媽，你自己講，這案件從頭到尾是怎樣？」

「……我……忘記了。」

「這種事情不可能全部忘記，細節忘了沒關係，記得的部份講一遍。」

「真的！我真的……不記得。」

「不可能一點印象都沒有！判決確定了到地檢署保護管束還想騙什麼?!」

「我！我……真，真，嗚嗚，媽媽，我……不、記得……」

他哭了！而且哭真的，眼淚好大滴，鼻涕滿臉都是，哽咽時還讓鼻涕吹了個大泡泡，啵！一聲破在臉上，如果有不知情的路人經過，看文森哭得如此無助心碎，一定會誤以為我在刑求他！但我明明就只是在問發生過的案情而已啊！

2 新世代用語，舊稱「八家將」，延伸意義為參加各式廟會陣頭的鬼混年輕人，通常社經低、地位低、學歷低、生活低，經常遊走在法律邊緣，司法配合度也低。

我收拾氣氛，給了文森一把衛生紙，文森抓在手上一動也不動，繼續哭，哭得是肝腸寸斷，直逼竇娥冤加悲慘世界，看著愈來愈多的鼻涕，我只好把語氣放軟，叫他擦臉，他看看媽媽，也在哭，看看我，沒在哭，也沒罵人，他反而不知該如何是好，我只好也給文森媽一把衛生紙，叫母子倆一塊兒擤鼻涕，這時，文森才開始動作。然後，我更加、更加、更加溫柔地問：「文～森，你～還～記得～～之前～的～任何～～事情嗎？」

把鼻涕擤完的文森，竟然雨過天青，完全沒有剛哭完的傷感、更沒有剛剛才被我罵完的怨懟，看著我呵呵笑說：「啊，嘿嘿……攏……眛記……」

這時我突然看見約談室門口閃過同事的臉，可能是他聽見了我在罵人又接著各種奇怪的聲響，好心來看看有沒有危險，他張望了一下，我輕輕點頭暗示沒問題，同事看見文森跟文森媽哭出一團一團又一團的衛生紙團，臉上露出「吼～～你又把人家罵哭了！」的表情，幸災樂禍地把頭縮回去了。拜託喔，我也覺得很冤枉啦！從卷頭到卷尾都沒寫，他也不曾被鑑定過，又是第一次見面，我哪裏會知道，文森是個沒牌（身心障礙手冊）的！

接下來的約談，我必須拿出我生平最大的耐心，用最簡單的話幫文森解釋法律規定的重點，文森媽總是忍不住插嘴，讓簡單的對話無限延伸、無限循環、無限開花，分散重點到無以復加，每一次約談，都像在一團混亂中打了一場泥巴戰，讓我搞不清楚到底完成任務沒有？結果是每次約談聽起來都超級不專業的！我就是個幼稚園老師、交代幼稚園兒童作業，同時還會加上小學二年級水準的媽媽來攪局。應付這對應該拿牌卻又沒牌的母子，我又不能發脾氣，所以每次文森母子興高采烈地離開，我都覺得精疲力竭……。

身心障礙手冊其實對個案來說是有很大幫助，一方面讓醫學鑑定個案到底哪些部份有欠缺，才可能對症下藥；二方面有手冊才能引進社會資源，接軌社福系統。現今多數少年案件或教育體系都有這種基本概念了，但成人案件通常是到了最後一道防線才被看見有身心障礙，尤其是文森家這種偏鄉、社經地位不佳、資源極為欠缺、沒有正規教育的家庭。假設文森沒有犯案，其實也可以靠著自己的能力，作農、粗工、放牧、養殖等等初級產業，養活自己，但偏偏一進到靠語言和文字運作的司法系統，文森簡直是到了外國一樣，既驚且懼，才會像這樣有點壓力就哭得不成人形。

我有不少次的經驗是個案家屬認為身心障礙手冊是污點，不願承認家人有身心障礙，所以當我勸文森媽帶文森去做鑑定特別小心措辭，但沒想到，文森媽非常迅速果決同意，而且立即實踐！果然，鑑定結果文森是輕度智能障礙！正當我疑惑為什麼文森媽這麼配合鑑定時，文森媽毫不避諱地在一陣混亂中，說出自己生了五個小孩，除了文森以外，另外四個分別或合併有自閉症、強迫症、躁鬱症、過動症、輕度思覺失調等各種不同的精神疾患，而且，文森跟這四個兄弟姐妹，是同媽但不同爸爸生的！文森的表兄弟也幾乎都有不同類型的身心病症，所以，最該去拿身心障礙手冊的應當是文森媽！

文森拿到身心障礙手冊後，好像一切塵埃落定，他更加乖巧、配合，但注意力仍然無法集中，對話也常常失焦，有時候我真不知道到底是文森報到還是文森媽報到？文森總是傻笑看著我，然後開始看牆壁、看天花板、看地板、看桌角，接下來神遊太虛，完全放空……而相反的，文森媽一直講、一直講、一直講、一直講！從盤古開天到鄰居的雞跑來院子拉屎都講！我實在受不了這種約談品質，忍不住打斷文森媽，問文森下次要不要自己騎車或開車來？文森呵呵笑說：「啊！我丟～無法度～謀～

駕照。」我心想，都幾歲了怎麼可能？三十好幾的大男人竟然會沒有駕照？我叫文森去考，文森媽又急著替文森回話，不用換氣的連忙說：「有！有！老師我們有考都是很難沒考過，已經考好幾次了沒過啊！」等一下！「都」沒有考過，那表示母子倆都考不到駕照嗎？文森與文森媽一起笑嘻嘻地對我用力點頭，同聲說：「丟啊！」

真的只有網路用語「扶額」最能夠貼切表達此時我的肢體與心理狀態，我的內心O．S「我的天！」

除了第一次被我罵哭以外，文森其實很聽我的話，但我一直懷疑他是不是有聽沒有懂，直到文森媽的案件發生。文森媽跟親族的一位表姐為了極小的不滿起了口角，雙方在電話你來我往，文森媽氣不過，半夜開著車子，要去找表姐算帳，文森聽見聲音起床阻止媽媽，理由是：「老蘇有說，昧當閤出歹誌！」文森媽又哭又罵又氣，堅持要出門，還逼文森上車，溫和孝順的文森上了副駕駛座，開到表姐家門口，文森媽決定下車給表姐好看，文森又阻止：「老蘇有說，昧當閤出歹誌！」文森媽更氣：「哇系恁老母！你要聽我的！」文森還是只會那句話，只不過更加氣急敗壞地說：「老蘇有說，昧當出歹誌啊！老蘇有說，昧當閤出歹誌！啊！啊！啊！」

文森媽甩上車門，不管三七二十一地開了副駕駛座的車門叫文森下車壯膽找表姐算帳，文森抵死坐著不動如咒語般念著：「老蘇有說，昧當啓出歹誌！」難得文森如此堅定，文森媽也拉不動比自己個頭還高的兒子，只好自己進了表姐家的庭院，卻又不知道該怎麼找表姐報仇，於是，就拿起地上的廢紙，一點一點撕碎搓球，塞進表姐機車的排氣管裏……。

事後，文森媽被起訴毀損罪，哭著拿起訴書來問我，這上面寫了什麼，花了快一個小時我才聽懂文森媽說明事件的始末，實在哭笑不得，為什麼我是文森的觀護人，卻連他媽媽都要一起觀護呢？但因為文森能堅持到底，所以起訴書自始至終都跟文森沒關係，在這種極度黏密的親子關係之下，文森竟然能抗拒媽媽的情緒勒索，實在是太難能可貴，尤其文森又有輕度智能障礙，他到底是依什麼價值判斷、又是以什麼樣的決心而堅持到底的呢？我很好奇、也很肯定文森的決定，再三稱讚文森，問他當時是怎麼想的，為什麼決定不下車呢？

文森說：「老蘇有說，昧當啓出歹誌啊！」

我笑了：「文森，那媽媽叫你下車，你怎麼拒絕媽媽的呢？」

笑容很得意、很燦爛的文森說：「因為老蘇有說，昧當閣出歹誌啊！」

我打從心底笑出聲來，不是取笑文森，是笑我自己，再問也都是這個答案啊！如果仔細聽，我的笑聲裏有五分欣慰，文森真的成長了、懂是非；有三分自嘲，我明明知問不出答案還是想問，傻的到底是文森還是我；還有二分得意，原來我的訓話與關心他都聽進心裏了，老蘇是文森價值判斷的準繩啊！

為了想要跟文森直接對話，我開始試著找哪些共同話題可以引起智能障礙青年的興趣，所以主動問他平常有什麼休閒活動或者是娛樂或者是專長？任何可以從他本人角度出發的話題都好，文森很開心的告訴我自己喜歡畫畫，我也喜歡畫畫，可以理解這是一個多麼簡單又快樂的娛樂，為了表達重視，我鼓勵文森，希望他把作品帶來借我欣賞。文森很開心地呵呵笑，但其實我也不預期他真的會帶來，因為我覺得講完他就會忘了。沒想到下個月報到，文森屁股還沒坐下，就小心翼翼地拿出了半張圖畫紙，用雙手遞給我，我預期會看到像鉛筆人、倒3海鷗那樣稚拙的小朋友塗鴨作品，沒想到文森帶來給我的竟然是精緻細膩、日本浮世繪加上刺青風格的鯉魚躍龍門！

我大吃一驚，無法理解文森為什麼能畫出這樣精美的構圖，問他是照著描嗎？文森開開心心地炫耀，自己畫的喲！而且有很多圖都送給朋友去刺青，換句話說，這明明就是具有商業價值的作品，卻被文森拿來送人或者是被朋友騙去當美術圖騰紋身，卻一毛錢也沒有拿到，我原本以為這是唯一的一次意外，就請文森把其他的作品也帶來給我看看，下次再來的作品更是驚人，水墨畫的廖添丁栩栩如生，毛筆的墨色筆力增一筆則太強、減一筆則太弱，現在換我手裏小心翼翼捧著文森的作品，嘴裏用力稱讚文森，雖然我不是藝評家，但真的很少看到這樣讓人難以移開目光的傑作，而這作品竟是一個智能障礙的素人畫家創作出來的！

為了鼓勵文森，我找了很多智能障礙或者是身心障礙協會舉辦的繪畫比賽，想讓他去參加，但是他總是聽不懂指導語，也沒有辦法配合主題來畫畫，所以總是無法配合規定或交件期限。文森是一個純正天然、毫無添加的自然畫家，他只能自然而然地畫出他自己想畫的東西，完全沒有辦法配合其他人，無論對方是觀護人或雇主或者是商業設計的要求，他做不出可能商品化的設計，每次交代這種功課都無疾而終，但是如果放任他自己畫，卻會在不預期的時候讓人驚喜甚至驚豔，突然拿出一組十二隻極其可愛的圓型卡通動物，類似十二生肖達摩這樣的精美圖組，讓我不得不感嘆上天賜給文森渾然天成的美感，是俗人如我怎麼學都學不會、怎麼想也想不到的創意。

但是奇怪的是，文森自從開始交畫作來給我看之後，我歸納發現這些圖全都是黑白的，不是用黑墨水就是鉛筆，偶爾用簽字筆勾線，但明明這類魚龍、花卉、祥雲這類的刺青圖，上色很常見也不困難，但文森總只是交出鉛筆做的線稿，沒有上色，也就是說對於一個畫家來說他只做了一半，所以即使他的作品確實高度的具有藝術價值，也很難稱為「成品」甚至商品化，我覺得非常可惜，忍不住又問文森為什麼不上色？

文森仍然呵呵笑：「啊～丟，以前～細漢席沒有錢買彩色筆，所以就不會塗色啊，後來～～就沒有塗色啊，丟都昧彩色啊。」

雖然很沒有禮貌，但聽文森的回答方式讓我忍不住噗哧一聲笑了出來，文森看我笑了，似乎覺得更開心，笑得更燦爛，但笑完之後，更強烈的感受迎面湧來，是惋惜、是感傷，更多的是於心不忍，文森的家庭狀況讓他從來沒有機會真正發揮自己的天賦！他像受困在泥塘裏的鯉魚，沒有任何一點機會去見識大江大海、去躍龍門，但文森卻如此怡然自得地接受這一切！我一直都深刻地明白貧困的滋味，卻從來沒想過能像文森這樣坦然悅納自己的命運，以至於是我心酸文森的際遇而不是他自己……。

不管三七二十一，我買了粉彩鉛筆給文森，要他試著上色畫畫看，文森傻笑看著我，不知道該畫什麼好？我只好直接要求文森把鉛筆線稿的十二生肖達摩全上色，文森點點頭說好，但我還是懷疑他到底懂不懂？過了好幾個月，文森都沒有交作品，問他有沒有畫？他都歪著頭傻笑：「有時候有，有時候沒有。」

突然某個月，文森捧來精緻華麗，簡直可以拿來做文青商品的十二生肖達摩！配色奇巧不說，細膩的手法直逼工筆畫家甚至刺繡！我讚嘆不已，希望文森再接再厲，但接下來要做什麼他又都聽不懂，要讓他把作品累積到足夠的數量可以去商品化難上加難。看完作品稱讚完了拿回去叫他收好，文森堅持不肯，他說拿回家就會

「撒來殺去」不見了，還有可能被朋友拿了就走了，所以堅持要放在老師這裏，彷彿地檢署是世界上最安全的地方，我又不是「館長」！美術館的館長……。要跟智能障礙的文森爭論觀護人的工作不會兼任文物保管，簡直是不可能的任務，我只好把作品慎重收進約談室的櫃子裏，讓文森親眼看見放在什麼地方，文森很安心地嘆了一口氣，笑著回家去了。

智能障礙者常有無法明確身體界線的問題，文森的性侵害案件也是這樣來的，我要求文森不可以隨便交女朋友，他就真的沒有隨便交女朋友。因為他交了女朋友之後，馬上帶來給老師看！女朋友高文森一個頭，曲線玲瓏有致，五官甜美可愛，問小女朋友知不知道文森實際狀況？小女友拚命點頭都說知道，兩個人打算結婚，文森媽媽都沒意見了，我又能說什麼呢？但跟小女友愈講話我愈覺得奇怪，沒多久發現小女友也是一個「沒！牌！的」！我只能委婉地告訴文森小孩會遺傳，文森媽媽不願相信不想接受，但文森反而非常理解的對我說：「老蘇，哇哉，我的囡仔，會跟我一樣會笨笨的，所以我不要生小孩了！」

比起很多阿宅理工男，文森似乎更懂得討女孩子歡心，不但打不還手、罵不還口，還會無照駕駛騎著破破爛爛的機車，載著小女友奔波一小時上山看蝴蝶。當小倆口鴛鴦蝴蝶夢正美時，小女友蹲地大哭，抱著肚子直叫疼，褲子還有點血絲，兩人立即下山當然直奔急診室，一查發現，小女友懷孕了！文森媽媽喜上眉梢，小女友樂不可支，文森左看看媽媽、右看看女友，也笑了，只有我，覺得很想哭……。我想法子支開文森媽與小女友，單獨逼問文森一連串問題現在怎麼辦？經濟？生育？結婚？提親？養育費？智能障礙的遺傳？文森抓抓頭，仍然對我傻笑，可是我笑不出來啊！我忍住強烈的衝動想站起來，很想像動畫裏畫的那樣，把文森的衣領揪住，一邊搖晃他一邊大叫：「文森！你說說看現在該怎麼辦啊！啊！啊！啊！」文森仍然歪著頭，笑著回答我那連珠砲的人生問題：「老蘇，哇丟謀煩～謀落啊。」

呃，對，煩惱的是別人……我心中的自己，頹喪地跌坐進椅子裏。

小女友生下了一個白白胖胖的男嬰，文森媽在手機裏存滿了男嬰的照片，興奮地將一張張滑給我看，男嬰很健康、足月生產、體重達標，但怎麼算都覺得奇怪，孕期與文森所說的時間並不吻合。我什麼都不敢說，也不知該怎麼問，況且文森智能障礙、數學不及格，可能……有一千種可能，我只不過是一個觀護人，我絕對、絕對、絕對不會去問不該問的問題！

小女友照料嬰兒太過疲憊，決定把孩子留給男方，回自己家去了，沒煩沒惱的文森成了奶爸，奶粉、尿布、嘔吐物，成天顧小孩，哪裏來的時間畫畫？乖巧的文森順利期滿，那天，我慎重地像美術館借展一樣，再次打開約談室的櫃子，把十二生肖達摩原作奉還，但，文森不肯帶回家，從約談桌的另一頭又推回來，文森露出難得一見的表情，很認真、很嚴肅，沒有傻笑，他很堅定、很強烈地說：「老蘇，放你這裏，我比較放心，給你放，給你。」

有些藝術家，不適合他生存的時代；有些傑作，不受到當時代的重視。例如文森、梵谷，一生窮困潦倒，出入精神病院，追求錯誤的對象、建立混亂的關係，一張作品也沒有賣出去，死的時候還是沒人要收藏，但梵谷的作品多年後成為藝術鉅作，後人爭相競標。

另一個文森的作品，還躺在我的櫃子裏。

靜靜地，等待……。

12 騙局

哲學家叔本華曾經說過：「人們給同類施加痛苦並無其他原因，僅僅是出於惡意。在所有的動物中，唯有人這麼做。」

在我所經手的案件中，最符合叔本華所說的惡意，就是這個人，我不想替他命名，卻也忘不掉他的姓名，因為他的犯行令人髮指，他的人格可惡至極。他強暴來家裏教課的大學生。單純的大學生來當他兒子的家教，沒幾個月卻成了被害人。女孩在極度驚恐狀況下，被扯破衣物、意圖強制性交，勇敢的女孩堅決抵抗，甚至將他的手咬出血來，卻被他憑體力優勢攻擊，言語威脅殺死，他並非空泛的恐嚇，他用美工刀劃破女孩雙頰、用塑膠束帶綑綁手腳、用封箱膠帶黏住嘴巴，然後，女孩被抓上汽車後座，開往深山……。

一路上，女孩哭著、哀嗚、懇求，綑綁的雙腳用力踢著前座的椅背，用侷促的動作，試著抓住任何一根救命的稻草，試著喚起他一絲良知，但是，他自始至終，沒有想釋放女孩，卻安撫著坐在前座副駕駛座的小兒子乖寶寶趕快睡……。

隨後，就在芒草遍生的荒郊野外，把女孩拖下車，強暴了女孩！這一次性暴力的經驗，是女孩人生中最無助、最黑暗、最疼痛、也最悲傷的記憶。接著，他又把女孩拖上車，漫無目標地繼續開車，就這樣在夜深人靜的黝黑山裏，一次、又一次，再一次，私行拘禁女孩直到天光，長達十二個小時裏，他陸陸續續用各種不同的方式性侵女孩五次。女孩的淚已經哭乾，沒有一絲氣力可以掙扎，同時，女孩的家人找不到她，經歷這世界上最難熬的一夜，而他，就像把一袋垃圾丟進便利商店前的垃圾桶一樣，把女孩載下山丟到看見的第一個便利商店，然後，回家了！

很快的，他被抓到，經歷一連串的司法程序，他都堅持女孩是自願跟他發生性關係的，卻從來沒有辦法解釋為什麼女孩全身都是傷？為什麼徹夜不歸？為什麼沒跟家人或男友連絡自己不會回家？為什麼女孩的創傷後症候群嚴重到自殘自殺未遂？為什麼女孩此後無法繼續完成學業、看到中年男子就如同驚弓之鳥？警察、檢察官、法官都沒相信他的謊話，把他關進監獄去了。但這種犯罪情節的素行，竟然也獲得國家的恩赦，假釋了！而且被評為「獄中表現良好，悛悔有據」，所以很早就出監、假釋時間很長。

觀護人無法選擇案件，但收到這種案件實在讓人午夜夢迴都會氣到醒來，我原本以為只是看到被害人的遭遇產生了替代性創傷，沒想到，我又遇到完全符合反社會人格檢測表的經典。他終於出監回家的那天，我們「無縫接軌」，當天就掛上科技監控，實施宵禁，從頭到尾，他沒有說一句難聽話，完全配合著做著每一件假釋規定的事，要簽名就簽名、要掛腳環就掛腳環，從假釋開始，他報到都沒有違規，也沒有違反監控命令，簡直是模範生。

但是，我很懷疑他是真正的模範生還是監獄化人格？

仔細研究他的生活史，服刑之前他從來沒有固定工作一年以上，不是嫌辛苦、就是工頭找他麻煩，國中沒畢業沒學歷更沒學力，做工怕曬太陽、做買賣沒本事，沒工作卻很積極過好日子，娶老婆、生兒子，都是家裏出錢，養兒子更是父母的事不是他的責任，問他以前沒工作時都在幹嘛？他輕輕笑說：「在關啊！」沒在服刑時呢？他想了好久說，「大概不是去小賭一下就是去跟朋友喝酒吧？」問他幾歲開始喝酒？他倒是非常迅速地回想起來：「小學五年級。」等一下！那不是才十歲嗎？怎麼會學喝酒？父母親同意他喝酒嗎？他聳聳肩：「家裏有酒啊！就會喝，桌上有菸也會偷偷拿去外面抽，反正被發現大不了罵幾句，裝乖一下就過去了，這也沒什麼。」

他這種輕飄飄、無所謂的回應，在這麼沉重的案件當中，給我強烈的違和感，更難使我理解的是，每一次問起案情，他都回我：「沒想到那麼多」。看他的表情與反應，我都覺得只有四個字能夠形容，叫做「毫不在乎」。

但身為觀護人，兼具監管與輔導角色，總是想試著在人身上找到一絲叫希望的光線。

我想，他就算不在乎被害人、沒有同理心，總也該對自家人有點感情吧？問他，兒子在車上看見殘暴行為心靈是不是會受創？他回我：「沒想到那麼多」；問他當時的太太是不是傷心難過？他回我：「沒想到那麼多」；問他父母親為了他是不是擔心失望？他回我：「沒想到那麼多」；問他在監獄裏面過得怎麼樣，他倒是說交了不少朋友，還會寫信、寄錢、寄會客菜、去看他們，親眼看見他床頭放了一大疊獄友寫給他的信，聽他說閒來無事就是去會客訪友，甚至還承諾獄友出監後一起工作。這一切都讓執法者聽了心裏直發毛，對他來說最好的朋友是在監獄裏面交到的，而且全部都是性侵犯！一個比一個更狠、更毒、更凶殘，未來到底會發生什麼事我實在不敢想像……。

犯下這麼嚴重的罪行，前妻跟他離婚，帶著兒子離開，但並非遠走他鄉找不到，逢年過節還會跟他父母連絡。他出監後，也沒有想要修補與前妻的感情，甚至也不覺得對兒子有什麼虧欠，彷彿妻小只是他生命的配菜，現在已經是廚餘。曾經至親的家人已成了路人甲，反而積極地開始交起新的女朋友，假釋沒幾個月，就開始追女生，包括外送遇到的、買飲料的店員、買便當打菜小妹、獄友的朋友，只要是女生，就先追再說！亂槍打鳥一陣，最後竟然還真追到女朋友，對方知道他假釋中卻不問案情還願意交往，兩人甚至決定再生一個小孩。交個性侵犯、假釋中、工作不穩定的男朋友，要錢財沒錢財、要人才沒人才、只有前科一大串，我實在不明白女朋友到底圖他什麼。

一年多以後，他忽然說要去醫院檢查，做ＭＲＩ（磁振造影），所以必須要申請暫時拆機。為了人道，法務部有規定可以配合醫療需求，短暫時間把腳上的電子腳環取下來，等醫療做完以後再裝回去，依規定當然是可以，只是增加我和工程師的麻煩而已，但既然有就醫需求，我也不會反對，就幫他完成了檢查的程序。

檢查的結果似乎拖了很久才確定，他得了一種嚴重的病。自從得病之後，他就一直以身體虛弱為理由懇求、哀求、請求我幫他申請拆除電子監控，可是奇怪的是，他重病確定前後外表完全看不出來，精神活力也幾乎都跟從前一樣，也能如往常一樣去做工，我不是學醫的，無法理解原因是什麼，所以我不敢拆，深怕還有犯罪能力的他再多拉幾個被害人陪葬。

但，他是在正規大醫院看診也開出醫療證明，也不可能懷疑造假，沒多久就被醫生勒令住院準備開刀，這下子更能確定重病是事實，但詭異的是，在醫院也是這樣，護理師一來就唉唉叫好難過，護理師一走就大口吃雞腿便當！醫師查房就病懨懨要死不活，之前的獄友來探病就大笑大聊，吵到隔壁床不能睡覺。準備要開刀，他求饒、求拆監控吵得更頻繁，我還是堅持開完刀立刻裝回去。後來，開刀恢復期後，更奇怪的事發生了，他開刀的部位是頸部以上，可是，無論是神智、吞嚥、言語功能都完全正常，下肢卻不能動了！理論上來說，開刀切除患部的確可能傷到神經導致障礙，一般像他得的這種病，病程都是從上而下發展，在病灶的位置會最嚴重，就算感染或擴散，也是由病灶才蔓延開來，照理說應該不可能影響肢體功能，尤其是下肢，怎麼會這樣呢？

我查了許多醫學科普的資料後看不出所以然，向醫師、護理師確認過很多次，也沒有人明確說得出原因，所以我一直擔心，下肢不良於行的病狀，可能是他想「詐病」騙我拆電子監控的手法，因為他每次理由都是「老師，我已經不能走了，這麼可憐，也不會去害人，求求你幫我拆掉！」或許吧，他現在不會出去害外面的無辜被害人，但他住院期間有許多女性護理師、復健師、社工師、清潔阿姨甚至其他無自保能力的女患者，萬一他隨便拖一位女性進了無人經過的角落，會發生什麼事？萬一他找藉口請假離院，假借行動不便，騙取路上女性善良的協助，上了他的車或去了他家，又會發生什麼事？

他透過各種管道明示暗示我，從來沒有觀護人像我這麼殘忍的、狠心的、沒愛心的！住院病患這麼可憐了，還不能拆電子監控嗎？我的態度是一如往常，既關心他的健康進展，又始終堅持不拆電子監控。沒多久，我接到一通電話，是某位民意代表的辦公室主任打來態度強硬地關切，表示想幫他爭取解除電子監控，我一邊聽民代那方展現地頭蛇的勇猛，一邊聽見他在創造背景音效：「哪有架歹心！架苛刑！阮架可憐在破病，還搞這無A謀A，無人按奈啦……。」尖銳人聲的背景音反覆不斷，吵得我幾乎聽不清楚民代那頭在說什麼，我還沒發作，民代那邊就已受不了訓他：「麥吵！等一下啦！正在講電話啦！厚！」我極為正式、嚴肅地反問民代那頭，是否知道他的案情？是否知道他的犯罪手法？果然一問三不知，只說是選民服務所以打電話來「關心」，我不明白此時此刻民代對「關心」與「關說」的界線是什麼，但我明確地拒絕了，而且，嚴正表示我會寫政風報告拒絕這樣的「關心」或「關說」，電話那頭像氣球消了一般微弱地結束這段怪誕的對話。

剩下我，氣到不行。

只隔了三天，我又接到另一位民代的辦公室人員電話，這回態度極為有禮，超級溫和，「請教」觀護人何以不撤電子監控？我又只好再一次極為正式、嚴肅地反問民代那頭，是否知道他的案情？是否知道他的犯罪手法？果然也是一問三不知，我也只好又嚴正表示我會寫政風報告表示拒絕這樣的「關心」或「關說」，電話那頭再三抱歉，又結束另一段怪誕的對話。

我已經懶得再生氣了。

第二份政風報告寫完後，我盯著報告呆了很久，突然覺得哭笑不得，如果他不搞這麼多節外生枝，說不定我會考量簽請檢察官讓他因病拆除電子監控，現在這麼一搞，為避免瓜田李下，我非得掛到底了啊！無論他怎麼找人關心或關說，吃虧的永遠是他自己。

畢竟，騙成功，我拆機，他賺到自由，再犯罪還是被關，輸的是他；騙失敗，我不拆，他繼續被監控，徒勞一陣掛更久，輸的也是他，因為，拿來當賭注的是他的人生啊！

拿精神病學者 Cleckley 列出的反社會人格特質，算一算他符合哪些項目：

一、表面魅力（有。證據：交得到女朋友）。

二、相當智力（有。證據：應對正常、找理由、找關說拆監控。）

三、不可靠（有。證據：對妻小無責任感）

四、不真誠（有。證據：對觀護人未坦誠）

五、無羞恥感（有。證據：對服刑沒有羞愧）

六、無悔意（有。證據：言行舉止從未表示一絲後悔）

七、無正當動機之反社會行為（有。證據：性侵案悉心計畫犯罪行為卻從未感到是非對錯）

八、無法從錯中學習（有。證據：前科累累）

九、病態自我中心（有。證據：堅信自己沒做錯，什麼都是別人對不起我）

十、缺乏自知（有。證據：在無經濟及情感基礎下想生育子女）

十一、缺少情感反應（有。證據：無論談到誰都態度冷漠）

十二、難貫徹任何人生規劃（有。證據：從未有持續長久的工作或伴侶關係）

十三、低犯罪焦慮（有。證據：從未覺得犯罪行為使自己感到緊張）……

不管怎麼算，都像是替他量身打造的一樣！

不知是他「見笑轉生氣」（台語，羞愧變憤怒），還是達不到目的，也懶得再裝樣子了，除了住院出院以外，他該報告的病情都不報告了，反正我可以持續地與醫院連絡，了解他的病程，也不想再逼他。又過了一段時日，醫院通知家屬時也很好心聯絡我，說他來日無多，既然如此，表示他對社會上所有的潛在被害人危險下降到極低了，我也沒有理由再掛他電子監控了。

拆機的那天，完成最後程序時，他竟然微弱地對我點點頭，氣若游絲說：「謝……謝……老……師……」離開他家門口時，他母親響遍鄉里的叫囂，我已經有了心理準備，踏碎那些毫無道理的責備與詛咒，我頭也不回地離開了。

沒有多久，死神已來到他床頭。俗話說，「人之將死，其言也善」，但他的臨終遺言，卻讓人困惑，他用盡最後一口微弱的氣息對護理師說：「我……被……騙了……」是被誰騙？又是什麼事被騙呢？護理師想問出讓他安寧臨終的解答，他卻剛好嚥下了最後一口氣，死了。

或許，他覺得被騙了，是被女友或被家人或被朋友或被觀護人所騙，但同時，他欺騙被害人、欺騙觀護人、欺騙所有關心他、約束他、照顧他的人。說到底，究竟是誰騙了誰？

沒有留下任何紀念值得感傷，他的人生就是一場騙局。

13

圓仔的願望

圓仔是一個很可愛的個案，從裏到外。

圓仔長得圓圓胖胖的，不然怎麼會被我取名為圓仔呢？但他是靈活、圓潤的胖，不是痴肥、病態的胖，背後看他走起路來屁顛屁顛的，正面看他總是笑臉迎人樂呵呵，笑瞇的雙眼看起來細細的，張大眼睛又是圓溜溜地直視著你，彷彿從靈魂之窗敞開了他的心房，熱烈地歡迎任何人到來。

不管是刑法的詐欺罪還是最新的洗錢防治法，適用法條不同但案情都差不多，賣帳戶、當人頭、轉手錢、代領款，很多時候都會獲得緩刑附保護管束。圓仔就是標準的典型，但也許是情節不重、也許是圓仔那可愛的模樣也讓法官檢察官心慈手軟，緩刑附保護管束還附帶勞動服務與法治教育，圓仔非常配合，在南部的烈陽下趕工做完法定時數，連勞務單位都比大拇指說讚，既然如此認真，想必要找工作賺錢維生也一定不是難事，何必要搞這麼多麻煩事兒來地檢署報到呢？

圓仔笑著用髒髒、長長的指甲抓抓頭，他的手看起來好像特別短，抓頭時還會脖子往手那邊歪去，我心裏正想著圓仔愈看愈像貓熊，因為圓仔抓完頭竟又抓抓脖子，順便又用短短的手搔二下胸口，更像貓熊會有的動作，接著，又伸回去一邊抓頭一邊說：「老師啊，我也是有想好好工作啊！但是，我去做人家要我，後來就都不要我了啊！」

「什麼叫做人家要我，後來就都不要我了？」

「嗯，就是，我有去找工作啊，然後，就做二天吧一星期吧，就都叫我回家了。」

「你到底去哪裏找工作？都做過什麼樣的工作？」

「啊，就飲料店啊、清茶店啊、便當店啊、快餐店啊，啊便利商店也去過，但沒做人家就叫我回家去了。」

我實在忍不住吐槽：「圓仔，你指甲那麼恐怖，誰敢讓你弄吃食啊？還抓過來又抓過去，這麼沒衛生，客人看到嚇都嚇死了！」而且飲料店跟清茶店是一樣的，便當店跟快餐店也是一樣的，怎會傻傻分不清呢？

圓仔笑呵呵地接受我的吐槽，完全不以為意，又神神秘秘地用他的髒指甲對我招手，做出貓熊型的要我「附耳過來」動作，看似小小聲但其實很大聲地說：「老師，最近有人介紹我好的工作！」

「什麼工作？」

「去外送！」

貓熊去做貓熊外送嗎？我偷笑在心，還沒說出口，圓仔彷彿看出我的表情，樂呵呵地解釋：「老師，不是那種敷潘答外送啦！」

「那要外送什麼？Pizza嗎？你不可以用髒兮兮的指甲摸食物！」

「厚，老師，我人是胖，但不是豬，怎麼一直都在跟人家講吃吃的東西啦！不系不系粗的啦！系包裹！」

「你知道裏面是什麼嗎？萬一送的是違法物品，圓仔你也脫不了關係！別亂接奇怪的工作，而且，你這工作哪介紹的？誰叫你去的？你又不是郵差，也不是快遞，幹嘛接什麼包裹！」

「厚呦！老師，你真是想很多欸，不會啦不會，你放心好了！」

「圓仔，你真是啥都沒想欸！多想想，再去做，別讓人替你擔心好嗎？」

揮舞著短短的「上肢」，呃，不，我是說手臂，髒髒黑黑長長的「爪子」搖了搖，呃，不，我是說指甲，圓仔開開心心地道再見，回家去了。

下個月再見到圓仔時，他整個圓臉皺成包子一般，滿臉淚痕還沒乾的感覺，圓仔吸著鼻涕，半哭的聲音，透過擠滿鼻涕的鼻腔發出濃郁的噁心感，我拿衛生紙給圓仔，圓仔仍然髒到不行的指甲接了下來，卻始終沒有擦，我實在看了難過，但又必須先處理圓仔的沮喪，忍耐住很想叫他把鼻涕擤乾淨的吼叫，很溫和、很柔軟地問圓仔：「到底怎麼了？」

「哽、哽、哽，老蘇，警察說，要找我去分局，作……哽……鼻錄……。」

「作筆錄嗎？為什麼？哪個分局？發生什麼事？」

「就……哽……是，好多個，哽……，有人說，我的戶口，是洗錢的，然後哽……好幾個人，把錢轉進去，哽……可是，可是老蘇你相信我都沒有拿那些錢！我迷有騙人！哽……分局的警察有說，叫我都要去……」

我終於忍不住打斷圓仔的說明，重新整理這些支離破碎的資訊，幾乎沒換氣一口氣講完：「你講的戶口應該不是戶口，是戶頭吧?!而且意思是有新的被害人報案了分局或派出所要求你去做筆錄，被害人很多位所以你要跑很多個警局對吧？」

圓仔竟然破涕為笑：「對哎！老師你怎麼都知道？」

我實在生氣了，大聲開罵：「圓仔！不是叫你不可以亂接工作嗎?!不是叫你不能再給人家戶頭嗎?!你為什麼都不聽話!!」

圓仔看我生氣了，超級害怕，拚老命揮舞雙手、全身抖動著肉肉，解釋著：「不是不是，我沒有！我沒有！哽～～～～我是，人家說有投資機會，我就去給人家匯錢，我我…哽～～～～想賺一點賠給別人家啊哽～～～～哽～～～～」

我用力坐回椅子，深～呼～吸，說服自己，這次圓仔是被新的某人用新的詐騙手法所騙，或許也不是故意的，圓仔偷瞄了我一眼，似乎沒有剛才那麼凶，於是乘勢哀嚎一番：「老蘇老蘇，我真的是要投資，人家說，奈及亞的黃金很賺，我我，之前都沒有錢，是要趕快賺錢，所以哽～就給人家轉帳，給人家卡，哽～啊，人家說有黃金的工廠哽～～～～還給我看看照片，說可以去看工廠，哽～哽～再投資三萬塊，哽～工廠就要大賺錢咧～我就可以好野人，然後還錢啦……」

都已經被警方傳去做筆錄了，圓仔還在相信能賺大錢，連國名都講錯、大字不識幾個的圓仔，是怎麼判斷黃金工廠能賺大錢？況且就算有這種投資的機會，怎可能網路上隨便找你圓仔這種投資三萬、五萬的小蝦米股東呢？擺明是騙局，圓仔還是被豬油矇了心，眼睛裏只看見錢，現在，投資失利也就算了，還把剩下能用的帳戶也全給了詐騙集團，甚至成了詐騙集團的替死鬼，被害人全找上圓仔求償，還得面對一連串的官司，這真是古語「賠了夫人又折兵」最貼切的寫照。

我突然間覺得有什麼地方不對勁，直覺問圓仔：「你好久沒工作了，哪來的三萬還是五萬去投資？」

「呃……哽～～～哽～～～～我……跟人家…借…的」圓仔的聲音愈來愈小、頭愈來愈低、眼神就愈來愈不敢看我，這種愈來愈心虛的語氣就表示，事情大條了，絕不只有圓仔表面上講的那麼簡單！圓仔跟朋友、朋友的朋友，甚至高利貸，借了不少，全都投進這個詐騙錢坑裏了！所以，圓仔既是被告也是被害人，除此之外，馬上就要變成親朋好友們追殺的對象了啊！我愕然地看著圓仔，他低著頭，假裝專心用右手髒兮兮的指甲摳著左手的手心，再換過來用左手髒兮兮的指甲摳著右手的手心，一邊偷偷地抬起眼皮瞄我的反應，我一時之間不知道該說什麼才好，因為我心裏不斷想著，賠了夫人又折兵這句不夠精準，現在是連主帥都跌進天坑去了啊！

圓仔乖乖地全台環繞一周做筆錄，當然就被家人發現圓仔的行蹤異常，全家人分別訓或罵或吼叫了圓仔，最後還是看不下去的阿公，拿出僅有的棺材老本，替圓仔還給被害人們，換取可能的和解機會，被害人們似乎也都可憐圓仔，幾乎都願意和解，圓仔又開開心心來報到，好像發生的事都只是惡夢一場而已。

圓仔的工作還是跟之前一樣有一搭沒一搭，但似乎完全不影響他的日常生活，更不影響他的心情，換做是我，早就焦慮地抓光了頭毛，我三催四請也轉介圓仔就業服務站，效果卻十分有限，畢竟可以把貓熊拉到水邊卻不能逼他喝水啊！圓仔就這樣晃來晃去地過日子，直到他外送到被一群刑警飛撲倒地！

圓仔出事的第二天就自己跑來地檢署，蹲在連接等候區與約談室前的走道，用講了一百遍卻仍然還是用髒兮兮的長指甲摳著頭、抓抓胸口，見到我走進約談室開燈開電腦，就像動物園裏貓熊終於可以進展示區一樣，站在約談室門前面晃過來又晃過去等我放他進來。圓仔一坐下就紅了眼眶，說這次警察好凶！

原來，圓仔根本沒聽我的，早就接了外送的工作，不知送了幾次，卻老早就被盯上，販毒集團找上圓仔送貨的主要功能並不是真的要去運送毒品，而是讓圓仔被抓！圓仔是毒騾，卻是專門拿來捨棄的壁虎尾巴，不管是當作警方業績，或是集團的最末端，都遲早要被「處理掉」的。

集團要圓仔遠從南部去到中部，卻送貨給中部的甲地到乙地，圓仔沒懷疑；送貨地址通常不是住家也不是辦公大樓卻是加油站或商店前面，圓仔沒懷疑；集團連絡圓仔的方式是用過即焚的通訊軟體飛機，圓仔沒懷疑；集團給酬勞的方式一律是現金，圓仔沒懷疑；圓仔跟上游或雇主從沒正式見過面，圓仔沒懷疑；集團收款付錢的方式是在某個路邊由一個不認識的人受託拿現金就走，圓仔沒懷疑；集團要圓仔送貨時帶著一把西瓜刀去，圓仔沒懷疑！

圓仔痛哭流涕，抱怨七、八個黑衣人從廂型車上下來，衝過來大吼大叫「不要動！」「別跑！」然後把圓仔壓在地上，甚至把他的臉壓在柏油地上擦傷了，自己好害怕，以為自己會被綁架！被擄人勒贖！後來被人從地上拉起來，才知道這些黑衣人都是便衣的刑警，圓仔最埋怨的事竟是警察看起來不像警察啊！如果看起來像，自己早就乖乖配合，哪還需要被壓在地上弄髒衣服呢？當天晚上問完筆錄就被移送地檢署，地檢署檢察官複訊完後就放圓仔回家了，除了手機被扣押以外，圓仔並沒有意識到事情很嚴重，他一大早就來找我是為了抱怨警察好凶……。

被我痛罵一頓，一樣樣數落的圓仔毫無警覺性，圓仔雖然都乖乖聽訓，卻還沒有什麼害怕的感覺，直到我告訴他販毒可能被關十年，再加上撤銷緩刑的詐欺案一起關，等出監，頭髮都白了，他這才驚覺事態嚴重，大哭一場後問我：「老蘇……

我要⋯怎麼辦？嗚⋯⋯嗚⋯⋯」我真的很想脫口說出：「不聽勸告要蠢到犯罪，這是我觀護生涯當中看過最愚蠢的案子，沒有之一！」能怎麼辦？該怎麼辦就怎麼辦，該開庭就開庭、該報到就報到，趁再次開偵查庭前趕快去請律師吧！

隨著緩刑期間將屆，圓仔似乎也漸漸淡忘了販毒案件的嚴重性，仍然開開心心來報到，甚至主動告訴我期滿後的人生規劃，我時不時就要提醒圓仔還有案件沒走完，行事務必謹慎，圓仔都呵呵笑著保證沒問題的啦！期滿最後一次報到，圓仔樂不可支地說，找到好工作了！我當然覺得很欣慰，但卻也有點擔心到底是什麼樣的工作，追問圓仔，他卻不肯說。

「老師，我講，你又罵我，我才不要講。」

「你沒講怎麼知道我會罵你？」

「上次講就被你罵啊！」

「上次是違法工作，你又沒警覺性，老師提醒你，怕你出事，不是為了愛罵你啊！」

「可是，老師你會很凶啊，眼睛會很凶吔！架～恐～怖⋯⋯」

圓仔用那講了一萬遍還是髒兮兮的指甲，食指跟大姆指用力撐開自己的單眼皮，假裝我的模樣，我忍不住噗哧一聲笑了出來，圓仔看到我笑了就很樂，得意洋洋地說：「老師，我告訴你，但是你不要告訴別人喔！終於有好事發生在我身上了！」

「到底是什麼好事？」

「我要出國上班啦！當荷荷荷官喔！」

「荷官?!你數學沒有一次及格，當哪門子荷官，那是賭場的工作哎，太危險了，而且出國，去哪裏？出什麼國？你最好乖乖留在台灣！」

圓仔竟然生氣了：「老師，你們都這樣，就是不相信有人會覺得我很棒！我要去！等我賺大錢你就知道了。再見！」

看著圓仔的背影，叫也不應，一個成年人對自己的決定，終究是要自己負責。總不可能為了保護圓仔，就像貓熊一樣關起來圈養吧？況且，圓仔去哪兒工作，他沒說我也不見得知道，他說了我也不見得能怎麼辦，身為一個外人、我也只不過是一個觀護人而已！我只能在圓仔離去的背影許願，願上天賜福運給這個傻小子，別去柬埔寨啊！

14

大姐頭的食堂

第一眼看見大姐頭時，她在同事那裏報到，但我誤以為她不是個案。因為她態度很得體、禮貌很周到，後來她換股到我這裏來我才知道，只有初見面才是這樣子的，她貨真價實就是個江湖中人，從骨子裏到每一根頭髮。

出身豐衣足食之家的大姐頭是製鞋工廠有錢人的女兒，在物資不充裕的五〇年代，才十三、四歲的少女大姐頭就有當時最炫麗的牛仔褲可穿，襯托出她的嬌美青春，與之相配的是更強烈的叛逆。在女孩應該宜室宜家當道的年代，大姐頭卻從小很野，從逃學開始，接著又逃家，逃到國中沒畢業、逃到被父親抓回來鎖在二樓！

父親擔心只要稍不注意，她又跑出去，只能直接睡客廳守著這個野馬般的女兒，殊不知她半夜一溜煙地直接從二樓陽台往下跳！又跑了。

家裏明明健全溫暖、父母俱在、手足友愛，一直逃家逃學的大姐頭到底在逃什麼？又在追求什麼？她不知道、也沒有人知道，她只知道一直逃、一直逃……逃到遇見了當時已經二十三歲的角頭大哥，對她一見鍾情，想盡辦法追求，忍到十五歲就上門提親，當時沮喪至極的雙親簡直是無奈到不知該如何管教這個頑劣的女兒，只好同意「銷出去」，就這樣十八歲就被明媒正娶地當了「大哥的女人」。

角頭大哥給了大姐頭更加富足的生活，揮金如土比起現在 Netflix 的實境秀還華麗，一進名牌店，就是「除了這個顏色、那個花樣不要，其他全部包起來！」一身上的衣服沒穿第二次，衣櫃裏多得是沒拆封、沒剪標的名牌貨，看上自己喜歡的，就買花色不同大小送給姐姐妹妹，名牌衣、名牌包、名牌鞋，送到不記得送過哪些花樣還會重複。

二十歲的大姐頭高䠷美麗，閒來無事還兼差當走秀的模特兒，嬌生慣養十指不沾陽春水，白天睡飽了，晚上沒事幹，角頭老公就把大姐頭帶著像隻孔雀般四處去炫耀，老公忙著去收帳、賭博時，大姐頭跟著角頭老公身邊的小弟們一起混，很快學會賭博，舉凡麻將、四色牌等賭技無一不精，技術高超到可以一起靠詐賭維生。有時角頭搶地盤、爭義氣，半夜帶著小弟們拿著西瓜刀、開山刀去找別的角頭幹架，大姐頭竟也跟著去，在兩大群全身刺龍刺鳳的「古惑仔」裏，一個美女穿著一身名牌行頭，穿著最夯日本布鞋、噴著名牌香水，就這麼大喇喇地蹲在路邊等看火拚，砍到最高潮還站起來！

問她是替角頭老公的幫派加油嗎？大姐頭哈哈大笑說：「隨便啦，砍得好就給他加油！哪邊都好啦！」一次數多了，被砍的、砍人的，「兄弟郎」都知道有個「肖查某」會在旁邊看，江湖男人有男人的氣魄，就算是敵對幫派的兄弟也不會動大姐頭一根頭髮。大姐頭的「休閒娛樂」是拿幫派火拚當 Live show 直播看現場的刀口舔血，庄頭內兄弟們去地下酒家用碗公拚酒喝，也從不會忘了帶上她，一邊大聲唱「那卡西」、一邊用碗公「飲通海」，大姐頭玩得比男人還瘋。所以，大姐頭的地位，從「大哥的女人」成了即使是敵對派也尊稱一句「嫂啊」，不看外貌與穿著，大姐頭的思維邏輯與言談態度，基本上跟道上兄弟一模一樣。

「嫂啊」大姐頭年紀漸漸長了、眼界也開了，慢慢覺得這種白天名牌貨血拚、晚上兄弟人血拚的生活很空虛，物質上再怎麼富裕都無法滿足心靈的那種空虛，大姐頭吵著要角頭老公脫離道上生活，雖然老公疼愛大姐頭，但，一輩子在做兄弟，要脫離談何容易？兩人開始吵個沒完，大姐頭有時生氣也打老公，最後鬧著要離婚……。角頭老公既捨不得嬌妻，又受不了大姐頭發瘋般吵鬧，道上的事業又開始受「景氣」影響下滑，大姐頭使出最擅長的「逃家」招術，全台灣逃透透，又被角頭老公的小弟們連勸帶騙地灌酒扛回來，無奈，老公只好同意離婚，拿了一筆錢，讓大姐頭自謀生路。

腦袋精明、長相美麗的大姐頭，開了當時最流行的日本進口伴唱帶的卡拉ＯＫ店，靠著道上的關係，就連紅極全台的豬哥亮等明星也情義相挺，轟動地剪綵開幕，地下經濟讓大姐頭日進斗金，成了更加紙醉金迷的夜生活女王。不幸，離了婚的角頭老公「事業」失敗，大姐頭重情義，二話不說賣掉了店，給前老公處理債務，在老公最落魄時大姐頭回來了，但，每天睡前就在想明天的錢要怎麼籌、每天醒來就在想今天的錢要怎麼還。怎麼辦？大姐頭只好下海。被錢逼急的大姐頭，竟然連開刀後第三天都咬著牙工作，看著自己血痕斑斑的身體，心靈更是支離破碎，大姐頭自殺、不成、再自殺、再上班、再自殺！或許，上天猶憐，大姐頭活下來了，帶著更加傷痛的身心靈，又一次離開角頭老公的身邊。

一個女人能展現出最厲害的本事是什麼？不是相夫教子、也不是溫良淑德，而是下海之後還能再上岸！

大姐頭活用本身的經驗，自己開了一家應召站，生意興隆到店門口塞車的程度，黑白兩道、三教九流，沒有應付不來的，嫂子成了老闆娘，財富再創輝煌！最讓大姐頭得意的事，是旗下所有的「小姐」都是自願，從來沒有被強迫過，大姐頭帶小姐、留恩客也自有一套勝過五木路條通的致勝心法，旗下小姐甚至可以用今天「我心情不好」為理由就休息一天，恩客竟然會買水果點心來看小姐，只為了坐在床上跟衣著完整的小姐玩撿紅點！所以經營許久，只被罰過一次錢，從來沒人檢舉是販運人口。

但是，台語俗諺說得好，「僥倖錢、失德了」，慢慢地生意出狀況了，再加上認識的全是這些地下經濟人物，開始介紹從不吸毒的大姐頭進口海洛因磚來賣，成功一次就賺了近百萬，大姐頭就開始用應召站當掩護販毒，四十八歲開啟十年牢獄之災。

入監之後大姐頭還是搞大姐頭，滿嘴髒話事小，時不時就要打人，成了獄方管理人員眼中的頭痛分子，關久了以後，大姐頭發現「同學」裏有不少因為吸毒入監的，甚至懷孕中還吸毒、帶子服刑的，最可憐的是嬰兒一生下來就帶有毒癮！大姐頭的心好痛，想起女兒、想起老母、想起自己帶進來的純999一磚可以讓多少人吸毒，又後悔、又生氣，氣自己為何把自己的人生搞得這般烏煙瘴氣，也氣自己運輸的毒品害死多少認識的同學、更害死無數不認識的同胞！下定決心，不要再走回頭路。

總說，不要再走回頭路其實不難，要做到，不簡單，更難的其實是，一生都在「做黑的」，不要用老路子，要用什麼方法活下去？跟裏面的同學商量，大家都拿大姐頭當開玩笑，江湖奇女子、應召南霸天，多少人都等著大姐頭出監再度豔幟高張日進斗金，大姐頭竟想放著白花花的銀子不賺，出來不幹這個，要幹嘛？

大姐頭想到，當時老母雖然氣自己，還是辛辛苦苦從台北趕客運、提著大包小包的拿手菜來會客，一大早五點坐在女子監獄門口打瞌睡、等開門寄菜，大姐頭又捨不得老母辛勞、又希望家人記得自己，這是受刑人最矛盾卻又最重要的心靈寄託，因為，在剝奪一切自由與選擇的服刑生活，會客菜是最實際的支持力量，也是身陷囹圄的千千萬萬受刑人，每天數日子裏最大的盼望，卻也是受刑人最愧疚的來源。那……如果，自己來賣會客菜呢？

大家都恥笑大姐頭。

大姐頭從來不煮菜，甚至不會燒開水，連地都掃不乾淨，開店做生意，談何容易？大姐頭牙一咬，踏出女監的第二天，元旦會客日，就把親姐妹拉到女監門口，當流動攤販賣點心水果。當然不行，馬上被趕走，姐姐妹妹也嚇壞了，但大姐頭可不是被嚇大的。既然不能當攤販，就來搞個店面。妹妹借了二十五萬元給大姐頭，租下女監對面一個破破爛爛死過兩個流浪漢的髒地方，大姐頭全心全意整理這個髒到嚇活人的鬼地方，就這樣一個女人家拎著掃把抹布和自己的衣服住進去。不怕鬼、只怕人，因為，人才會害人。

合法的會客菜生意才剛開始，大姐頭就被騙、被倒，而且不是被以前的「同學們」倒帳，而是被沒前科、看起來像好人的傢伙欺騙，一開始滿口仁義道德、幫助更生人，真相其實是滿肚子歧視與自利。大姐頭氣瘋了，卻忍耐著不用以前的方式「處理」，但為了維持店裏運作，不得已只好向地下錢莊借錢，利息像割肉一樣疼，大姐頭晚上哭完了、白天笑臉迎人、賣會客菜，換股之後到我這裏，訴苦生意不好做，沒想到，被我窮追猛打，就是要問出個所以然來，大姐頭忍不住全說了，就差沒把髒話全飈完。我只點點頭，沒說什麼，只交代，下次早一點來報到。

第二次報到，大姐頭被塞了一疊紙，上面寫著「微型創業鳳凰貸款專案」，要上課、要考試、要寫一堆資料，但是也許可以用合法、正當的管道，申請政府的資源。大姐頭很煩惱，六十歲、沒財產、沒專長、國中沒畢業、在監獄服刑十年、現在還假釋付保護管束中的受保護管束人，前科比口袋裏現錢還多的大姐頭，哪有辦法？

大姐頭對自己沒有信心、對社會也沒有信心、對政府更沒有信心。我不知哪來的信念，堅決地對大姐頭說：「你相信我的話試一次。我相信你，你大姐頭就一定可以！」前面被騙得心灰意冷的大姐頭，實在不敢再信任別人，尤其是看起來道貌岸然的人，感覺起來比江湖兄弟還沒義氣。但是，不知道為什麼，大姐頭似乎覺得我這個只見了二次面的觀護人講話好像可以相信，下定決心一拚！

大姐頭認真上課的程度讓勞動部微型創業鳳凰貸款第一線工作人員感動不已，在所有人跌破眼鏡的狀況下，不但全勤，還留下來問問題，有時再怎麼問也抓不到重點，回去想、再不懂，沒關係，報到時來問我，偶爾有沮喪的時候會抱怨，但她也真的沒放棄，申請創業鳳凰貸款得寫一大堆資料，什麼「營運計畫」、「商業資本」、「還款計畫」等等，這些像文言文一樣的東西，有看沒有懂讓她頭很痛，又抱著這堆資料回來問我，兩個人就這樣花了無數個下午，一個教、一個學，地檢署的約談室成了迷你商業教室。但只有二件事不變，一是大姐頭的店必須一切合法、二是大姐頭的店資料全部自己寫。大姐頭的會客菜順利獲得貸款，成為全國第一個、目前也是唯一一個假釋中的創業鳳凰貸款成功的受保護管束人，也是全國第一個榮獲勞動部「創業楷模」的更生企業家，創業鳳凰貸款在大姐頭申請貸款之後，身份類別新增了「更生受保護管束人」欄位！大姐頭後來才知道，自己是中華民國有史以來第一個申請微型創業鳳凰貸款的更生人。

好景不長，疫情突然爆發，全世界陷入 COVID-19 的狂風之中，原本穩妥經營的會客菜，像許多餐飲業一樣遭到無情的打擊，最嚴重的是監獄禁止探監與送菜近七個月，讓大姐頭的店坐困愁城，要轉型成一般餐飲業更加困難，即使努力轉型，也過不了資金周轉不靈的關卡，往日看血拚當娛樂的大姐頭從來不哭，這次，她哭了……。但大姐頭不是因為店要被擊倒而哭，而是再一次彎下腰、低下頭去找原本應該幫助自己的大善人團體，卻門也不願開、連面也沒見到，被嘲諷一番趕了出來！看著大姐頭的眼淚滴落在地檢署門口，我的心更加酸楚起來……。

大姐頭又靠著上天相助、貴人借金，撐了下來，第一件事是去還貸款維持信用，第二件事是幫撿來的米克斯狗兒旺旺買點狗糧，第三件事是回到店裏趕快分給一起吃苦的員工們先放進口袋；至於自己，一天只要吃一餐泡麵就可以了！就這樣死撐活撐，幸好又有疫情貸款，勞動部創業鳳凰也幫忙兌換三倍券，店面才苟延殘喘下來。

現在大姐頭的會客菜是南部受刑人與家屬間口耳相傳的「名牌貨」，曾經有家屬收到受刑人的信寫著：「兒子，你有空就來看我，沒空沒關係，有空來記得買一品的會客菜，寧可空手來，也不要別家的，別家的會客菜豬看了都會流眼淚……」大姐頭的會客菜除了實際照顧了受刑人的肚腹，更安慰了他們與家屬的心情，常常兼做受刑人家屬的心靈導師，要以過來人身份說話，有誰比關了十年的大姐頭更有說服力呢？所以，受刑人家屬也把大姐頭當成自己人，大姐頭去面會受刑人勸導向上，言談舉止比任何人都還有說服力。大姐頭出力也出錢，看見好的書籍，還自掏腰包買來送給南部各大監獄，徹底實踐「取出於監獄、用之於監獄、還之於監獄」。

大姐頭似乎從會客菜中找到生命的意義，她成為家屬與受刑人的橋樑，傳遞一份「有人在等你」的愛，在傳遞別人的親情之時，大姐頭自己也漸漸與家人重修舊好，一方面家人看見大姐頭穿著菜市場買來一件二百元的簡單衣服、雙手被油燙傷、被刀割傷，相信大姐頭不再是過去那樣的虛榮浮華，另一方面，大姐頭珍視家人，讓老母在九十歲高齡看見女兒獲得政府的肯定，才能含笑安心離開人間；成長過程中母親常常缺席的孩子，原本總懷疑大姐頭說一套做一套，關係緊張到甚至不願意告訴大姐頭自己在哪兒上班，現在孩子總算真心相信大姐頭是一個重生的人，母女之愛過往雖然有缺損，但如同月有圓缺，總有一日會等到月明花開之時。

一般人六十四歲是準備退休的年紀，大姐頭已步入奮鬥事業的第五年，雖然不再懷念穿著名牌華服的江湖時期，但也下定決心不再穿回繡號碼的「制服」，不過，去年大姐頭又開始穿起「制服」了，她把會客菜當成高級名牌來用心經營，訂做了五種顏色同式樣的制服，發給員工，自己更是天天穿、月月穿，制服上寫的是大姐頭的鎮店精神指標，那是二句藏頭又藏尾詩：

「一期一會」

「品味主客」

每當新客人好奇，大姐頭就會仔細解釋一遍我替她寫的這二句詩，日本成語「一期一會」的精神是指每次相遇都是獨一無二的機緣，所以每次、每位受刑人的菜色，都像給自家人般用心烹調，每次會面都像是為自家人般真情關懷，是能讓受刑人細細回味的好滋味，更是送菜人顯示好品味的最佳選擇。

因為，對大姐頭來說，每一天，都是新的一天，是五十八歲才重新開始的大姐頭更珍貴的一天，是一期一會永遠不會重複的今天，是自由與新生的每一天，是為了所愛之人才繼續活著的今天。

15

夫婦船

土魠這個人，第一次報到的時候，是個案剛出監時的基本典型，粗獷的橫臉，健壯的體型搭配中廣圓肚；髮型短短的三分頭、足踏夾腳藍白拖，加上外八字的走路方式，說話時如果沒有「X」、「他X的」這種介系詞就無法連接成句，長相、談吐、性格，都像個土人。只不過，從我第一次見到他，保護管束二年期滿，直到現在，前前後後七年，每次見面都還是這個樣兒！其他個案通常會隨著時間、年紀、工作，漸漸改換造型，但土魠卻從未變過，連三分頭都沒留長一點，這也算是一種始終如一。

雖然長相凶猛，但其實土魠沒在混江湖，他原本是做小販的，老家種芒果、芭樂，兼夜市賣切片水果，自產自銷，生意不錯；土粍自己也自產自銷，生意不錯，他賣的是安非他命。土粍的「商品」製作精良，銷售管道暢通，免不了也要試吃，這因果關係其實反過來說也行。

總而言之，吸毒又販毒還製造毒品，身為觀護人的我就必須盯緊一點，但土粍每一次驗尿都正常，報到也非常準時，在等候區時，總是腆著中廣肚，神情自若地安坐在硬椅子上，偶爾抽出藍白夾腳拖裏的大拇指，用來抓抓另一腳上小腿的癢癢，等著照順序報到驗尿，從來沒有爭先恐後或是焦躁不安過，跟一般吸食安非他命個案常見的躁動、緊張、多話甚至妄想，完全不同，讓我留下了印象。

即使如此，也不能說我就相信土粍一切正常。我幾乎從不讓個案知道訪視時間，因為這樣才有機會看到他們沒粉飾過的真實生活，我找了一天偷偷去土粍所說的夜市看他工作的狀況。

雖然是夜市攤位，但整齊乾淨，賣相極佳，不時有客人來選購，土魠精明幹練，同時可以應付許多事，一邊看似隨口應答川流不息的客人完成銷售，一邊能左手持芭樂、右手操水果刀及湯匙，一刀切對半、四刀去除上下蒂頭，手腕一轉就挖除芭樂心。芭樂乾淨漂亮，沒有一絲多餘的殘渣，俐落手法如同武功高手，靈活驚人。

我正好看見一名中年女性客人，問了價錢不滿意卻大聲且態度不屑地說：「貴死了！走開！」土魠竟也能忍住氣，笑著和氣回應「謝謝、有空再來！」我戴著口罩沒表明身份，假裝就是一般的客人，土魠一開始也沒發現是觀護人，只當是一般客人招呼買賣還親切地請我試吃，我買好了水果正準備結帳，不知是我哪裏露了餡還是土魠感應到什麼天機，突然發現大叫一聲：「吼！我知道了！」然後露出一臉賊笑，開始拚命把原本已經裝好塑膠袋裏的水果拿出來再整理一遍，挑最好的塞滿滿，這下換我開始拚命阻止，差點沒落荒而逃……。

土魠不肯讓我輕易溜走，得意地展示自家種植的芭樂，教觀護人要用哪些方法選擇好吃的芭樂，外觀顏色要有淡淡的螢光綠，摸起來硬實但不乾，買回家後不要急著去除保護袋，若冰比較久可以放點水在袋子裏，密封好才可以久放。介紹完芭樂還得說明蓮霧，蓮霧要挑「胖腰身」的，不一定黑的才甜，胖圓的蓮霧水份多比較好吃，一般人挑比較黑紅的只是太陽曬得多，有時屁股裂開一點，反而更甜，但是一定要馬上處理切開，不然放久了就會發霉……。

土魠一直講、一直講，土魠的太太露出開朗的笑容，在一旁笑看土魠講個沒完，也不打斷卻直接對我說，客人通常都愛找老闆不找老闆娘，老闆做生意豪氣，客人一問好不好吃？甜不甜？土魠的反應總是馬上拿竹籤叉一塊請客人吃，吃滿意了再買，所以生意挺好的。

雖然夜市生意不錯，但土魠沒打算繼續，因為水果是父母親的生意，土魠打算自己闖出另一片天地，想學習專精漁業，於是備齊了船員證、船籍資料、申請書等所有文件，聲請檢察官核准出海。說實話，雖然資料都齊全又是近海漁業、當日來回，我還是有點顧慮，土魠上有父母、下有兒女。家眷都在，應當不至於潛逃出境。但土魠製毒販毒的紀錄，無論是走私毒品或海上交易，我送去核准的風險都很高啊！

聰明的土魠可能也明白我的猶豫，下次報到，帶著每次都陪著來的土魠嫂一起進來，身高跟我一樣矮、體型比我還瘦三分之一、看似文弱的土魠嫂卻甘願剪去一頭秀麗長髮，陪著土魠一起出海當助手，只因為勾餌、拉網、整理漁具沒有「一對手」是辦不到的，而且，土魠的小漁船就是買土魠嫂的名字，這種「夫婦船」，在任何一個漁港也見不著幾艘。

我看著土魠嫂那無怨無尤的開朗笑容，打從內心湧起一股敬意，換做是我要為了老公上漁船做苦工，風吹日曬雨淋還兼暈船、嘔吐，打死我也做不到啊！我很嚴肅地看著土魠說：「一個好某卡贏三個天公祖，我幫你送聲請，替你掛保證，不只是因為你現在表現好，而是因為你老婆替你這個尪在賭命！老師其實是看在你老婆的面子上才同意的！」土魠非常大男人地說：「老師，不用擔心，我就是死，也不會給你搞消失！」離開約談室前，土魠還回頭丟了一句：「老師啊！要找我隨時，海上常常也會通啦！就打電話給我老婆，我沒電話啊！」原來，從出監那天一直到現在，土魠從來就沒申請自己的手機，所有的對外聯絡，全都靠土魠嫂把關！所以任何狐群狗友都過不了土魠嫂這一關，而土魠工作生活全跟老婆在一塊兒，時時不分離。

儘管我相信有了土魠嫂，土魠不會壞到哪裏去，但是土魠是不是踏實認真當個漁夫？我也不太確定，但他每次報到都滿嘴漁經，大多時候我再怎麼專心聽都有聽沒很懂，比如說，海底能抓到的軟體動物，除了章魚我認識之外，其他有軟絲、小卷、透抽、烏賊還有目賊仔！土魠很得意地教我分辨，我很認真地在約談表背面的空白畫軟絲、小卷、透抽、烏賊還有目賊仔各自的特色，畫完了，我很開心，然後沒多久我又忘記了……。

到了東北季風來時，天氣愈冷，土魠愈要出海，去釣土魠魚。土魠的釣法叫流放勾法，用「皮刀魚」跟「巴蘭魚」做活餌，土魠都講台語俗名，讓我完全不知道學名是什麼，只好亂猜一氣地寫進約談紀錄裏。

土魠魚是上層巡游的獵食性魚類，每二個鉤子就要用一個浮標，比較容易發現，放完線就要快速巡邏，看到漁貨就收，因此比一本釣的新鮮度也不相上下。嘉義、台南、高雄、澎湖一帶才有得抓，而且，土魠魚愈大隻愈值錢，早期市價大約是一尾六公斤的土魠魚，一公斤六百元；七公斤的，一公斤七百元，以此類推，十公斤以上的大魚，每公斤可達一千至一千一百元，二十公斤的則是二千一百元，身為一個漁民為了自尊，也為了荷包，當然要拚命釣大魚。

不過，不知為何土魠總是釣不到土魠魚，心情頗為低落，只好抓點一般的中小型魚稍微貼補家用，但無論是晴是雨是風大還是烈陽，土魠嫂都陪在土魠身邊捕魚，也常常一起來報到，半真半假地笑著對我抱怨土魠：「我嫁給他，比港口的外勞還操！」土魠也不甘示弱地對土魠嫂回嘴說：「所以就叫你下雨天離我遠一點，不然雷公不小心也會打到旁邊！」我忍不住哈哈大笑，土魠扮了個鬼臉假裝小聲但實則很大聲地說：「阮某架恐怖！」看似柔弱的土魠嫂也是很有個性的，否則哪能堅韌地勾住土魠這個浪子呢？

有土魠嫂這種堅強的後盾，做觀護人自然是安心不少，只需要替土魠祈禱早日「大漁」。幸好，過了一陣子，土魠開始抓到土魠魚了，上勾第一尾後，土魠就像開始拚命一樣，天天在海上捕魚，吹風日曬加海面陽光反射，使土魠整個人又紅又黑還又白，因為冬風讓整個臉乾躁又脫皮，一天還只睡三、四小時，我勸土魠不要這樣玩命，土魠用粗糙龜裂的雙手用力揉了揉滿是血絲的雙眼，苦笑告訴我，魚群有群聚性及時效性，通常今天這個位置捕到魚，明天不一定還有，所以有魚群就要拚命抓，再怎麼疲累似乎都打不倒土魠的幽默感，土魠笑呵呵地說：「老師，你放心吧，我死不了的。」

「這什麼話，海上很危險啊！」

「哎，你們讀冊人不是說什麼禍害千年嗎？所以我才不會那麼早翹蛋的啦！」

「講這渾話，驗完尿，趕快回家睡覺去！」

橫著外八字步，趿拉著藍白夾腳拖，土魠笑嘻嘻地用兩隻手指挾著採尿單晃去驗尿。土魠很順利地期滿結案，土魠嫂當然也陪著一起來「畢業」，開玩笑地叫土魠繼續每個月來驗尿，才會一直這麼乖，土魠不置可否，兩人並沒有依依不捨的留戀，結束了報到。

但是，期滿後至今將近五年的時間裏，土魠不時會出現，有時我不在，他也無所謂，理由都是「反正我家很近」。確實，土魠家離地檢署不過十五分鐘的車程，但就算住在地檢署隔壁，也沒人這麼勤勞，期滿還跑地檢署看觀護人的啊！土魠來時無預兆、去時無眷戀，幾乎都是土魠嫂一起來，同進同出，有時加開「外掛」，帶大女兒或帶小女兒甚至家裏的馬爾濟斯小白一起來，全家族沒有人不知道土魠有個「老師」在地檢署，讓我不知道應該要得意還是害羞，但至少可以確定的是，土魠既然如此重視我，就表示他既不想也沒有走回頭路，否則，土魠哪有臉帶著老婆孩子來見我呢？

我唯一不明白的是，除了「反正我家很近」這個方便性以外，土魠一家人為什麼會這樣來看望我呢？我問了土魠，他仍然是一貫滿不在乎的表情，笑著回答我：「因為無人像你架囉嗦啊！」這答案完全就是道道地地的土魠風格，土直又簡明，讓人好像能體會，卻又不了解，但無論我了不了解，這麼多年來，土魠就是始終如一，如同他的造型，堅持到底、終於如一。

從小舢舨換成中型船，土魠的漁技也日益增進，也找了漁工一同捕魚，土魠嫂也就不用出海了，但土魠嫂仍然每天同進同出，去港邊補漁網、理魚貨，雖然土魠嫂現在沒上船，但每次看到土魠夫妻檔，我都會自然而然在心裏想起那首老歌，他們夫妻倆應該是從沒聽過的一首日語演歌卻像替他們量身打造。那首「夫婦舟」，緩緩悠悠地唱著：

「不管這條河往哪裏流，
離開岸邊，
夫妻倆相愛，
即使颳起暴風雨，
有你一起生活。
連接幸福的某處有一座橋，
想要到達那裏的夫婦船，
這個人的明天有我的明天，
有你和我一起生活。」

平凡微小的願望，不會管海上風雨有多大，日常就是柴米油鹽醬醋茶，負擔著家計責任的沉甸甸重量，那才是愛情真正的模樣，一切就只是守護有你和我一起的生活。

有你、和我，一起生活。

16

鬼子母神

在這個世界上，每一種動物都有的共通特性是什麼？都是媽媽生出來的。把不同類的媽媽相互比較一下，其中母職最辛勞就屬哺乳類動物。不像兩棲與爬蟲類把蛋或幼體生出來放在沙坑裏就完事兒了，也不像魚類撒精下蛋用魚鰭清潔活氧就好了，看看家裏養的貓咪小狗或動物園裏熊貓短片就知道，哺乳類媽媽要把幼仔帶好餵奶、清大便，還得又打、又舔、又吼地教崽子們生存在世界上的規矩，如果不考慮穿衣服、用包巾揹小孩的話，古人所說「褓抱提攜」就是這個意思。然而，在所有的哺乳類生物裏最艱苦的母職，是人類。

哺乳類動物中，跟人類基因最相近的就屬靈長目的猿與猴了，靈長目「人屬」的孕期最脆弱而且幼兒頭圍最大，所以生產的危險性也最高，做娘的拚老命生下孩子之後，苦差事還沒結束——因為人類幼兒的脆弱是所有生物當中之最，是靠著近代醫學發達才讓嬰幼兒夭折率直線下降，要不然古代小孩出生到三歲之前都算「天公仔」，隨時可能被老天爺收回去。好不容易養到三歲五歲能自己走、自己吃飯、自己在固定位置大小便了，社會化的工作才是更艱辛的挑戰，母子之間的關係無論是好是壞通常會持續一生，甚至到其中一方過世仍然不會斷絕。

在我的觀護生涯裏，個案母親對已成年孩子的態度與觀護配合程度，通常可以預測個案是否能順利期滿，兩者的關聯性有高度的正相關。另一個普遍的現象是，個案通常對母親比較親近，對父親比較疏遠。雖然我認為父親的角色很重要，但我至今尚未見過是父親單獨養育孩子長大的家庭，通常都是祖母或外婆甚至阿姨、姑姑代母職養育，即使少數個案是從小父母離異甚至父不詳，也都是因為有母親的愛護才順利成長，所以我尊崇母職、感謝母親們的配合，也需要母親們的支持。個案的母親們是我最重要的合作夥伴，例外的，就只有小強的媽。

小強不是獨子，上面有三個哥哥，但他最受寵。從小到大他都沒有朋友，放學就回家、出門只有去上學，但小強並沒有覺得有什麼欠缺，媽媽愛他到遠勝過自己的生命，媽媽是小強唯一的朋友，也是所有資源的泉源。

小強在學校上課睡覺又沒寫功課，老師寫聯絡簿責備，小強媽媽第二天就衝去學校，跟老師理論，罵老師沒愛心，老師無奈雙手一攤，以後就任由小強愛怎麼睡就怎麼睡；小強畢業後要升學，程度差到幾乎沒有任何一所高中職要收他，小強媽就花錢去想辦法疏通；小強勉強畢業後要就業，沒有任何工作通過面試，小強媽就讓他每天在家睡到自然醒；小強關在房間裏看動漫打電玩打到沒日沒夜，小強媽就把飯菜捧到房間口，冷了再換熱的、空了再加滿肉。幾年下來，小強不常出房間門，也很少跟媽媽講到話，跟哥哥們更是從來不見面，反正哥哥們要上班，想閃避實在容易。小強偶爾離開房間會獨自出門，通常是去圖書館、美術館或百貨公司，從來不會去非法的場所，所以小強媽更覺得這小兒子非常乖，直到，小強被依現行犯逮捕。

在派出所裏，小強號啕大哭要找媽媽，警察們都覺得莫名奇妙，都三十幾歲的大男人了，怎麼搞得像三歲小孩那樣哭嚎找娘吃奶一樣？但既然小強堅持要找媽媽，警方也就聯絡小強媽，沒一會兒功夫，小強媽旋風似出現，抱著兒子心疼的緊，開始怪罪警方，劈頭就是：「我兒子很乖的！他才不會做壞事！都是別人害他的！」

問題是，小強到圖書館去不是去借書、看書，而是去看美眉；到美術館去不是看藝術品，而是看比藝術品還美麗的仕女。這回，他不知怎麼找到機會潛進一所高中女廁的廁間，一直躲在裏面手淫！不知過了多久，一位高中美少女讀書累了去上廁所，小強悄悄離開自己的藏身處，尾隨少女進入另一間女廁，然後把門堵住，伸出鹹豬手抓少女的胸部，嘴裏還淫猥地要少女跟自己「做」、今天一定要「幹一砲」，就在女廁裏不管三七二十一用力推倒少女，一邊把自己的身體壓上少女的身體，一邊用手掀開裙子又強拉少女的內褲！

所幸，少女是練田徑的，一面用鍛鍊過的腳全力踢踹小強，一面大聲喊叫，學校裏很安靜，一下子大家都聽見奇怪的聲音，馬上跑過來看，少女雖然驚魂未定，但幸好邪惡的意圖沒有得逞，強制性交未遂。單純的高中少女與家長怎麼也不會想到，正常生活裏竟然也會遇到這種變態色狼！被害人指證歷歷，當時女廁裏就只有小強跟被害少女二個人，見義勇為的師生聽見求救衝進去的時候，就看見小強壓在被害少女身上，強制性交的壞蛋不是小強難道是鬼嗎？

事證如此明確，當然警方以現行犯移送，但小強媽還是堅持「是別人」害寶貝兒子的，而且堅定地認為，小強呆坐在現場等警方獲報後束手就擒，是兒子沒做壞事的最好證明！況且，那些女生被摸一下又沒怎樣！只不過是摸而已，也沒被「怎麼樣」，大不了給錢賠償就好了！

儘管小強媽堅定相信寶貝兒子絕不會做任何壞事，從來沒做錯任何事，但從警察到檢察官到法官，沒有人相信小強，甚至小強自己在檢察官訊問時，都承認自己的確是打算強暴高中女生。不過，小強的反應、對話都讓人覺得不知哪兒怪怪的，法院開庭時，該小強講話時，本人卻用一陣靜默取代對話，不該小強講話時，卻又吵個不休。法官只好問小強媽，沒想到小強媽語出驚人，之前就帶著小強陸陸續續在看精神科拿藥吃！是哪種精神病？又吃了哪些藥呢？有沒有持續在治療呢？小強媽竟然回答說：「就幾年前，感覺兒子精神比較不好，日夜顛倒有時候會吵，去診所看醫生之後有拿藥，吃了幾次比較好，我覺得一直吃藥不太好，怕對兒子身體不好，就叫兒子不要吃藥了！」於是，小強中斷治療，連病名都搞不清楚，法院只好送小強去做精神鑑定，一鑑定嚇呆眾人，小強是中度的思覺失調！

思覺失調舊名叫精神分裂，是精神科最難處理的疾病之一，小強的病程完全符合學理上的典型，青春期後半出現病徵，社會功能喪失，腦中幻覺妄想愈演愈烈，配上溺愛的生活型態，既沒有家人朋友給小強正確的人際互動、又沒有工作或學業的正常壓力，小強每天關在房間裏看各種強暴性虐的A片，滋養腦中的幻想，小強媽無盡供應的母愛和物資，讓小強可以一直躲在這個超時空的泡泡裏，卻毫無生活現實將他拉回來。

思覺失調的患者並不是每個都會是性侵犯預備軍，正常人看看A片更不會造成治安危機，但小強的病況顯然特別嚴重而且極度偏差，失調的部份集中在性幻想，表面上乖巧、腦子裏病態，小強愛去的圖書館、美術館、百貨公司或商場，並不是因為有藝術或學習的動機，而是因為那裏女生多！小強的出門目的是為了落實自己病態的性幻想，覺得那些不認識的女性願意甚至渴望跟自己性交，偏誤地堅信所有女性都希望被自己強暴，所以，才會在女廁裏犯下如此駭人聽聞的性犯罪。

不知道是母愛的信仰還是基因的遺傳，小強媽自始沒發現，除了精神疾病以外，小強也有輕度智能障礙，直到鑑定時才一併被發現。這才解釋了為何小強會呆坐原處等警察來抓自己，因為小強的智力沒辦法應付犯罪前的規劃和犯罪後的脫逃！

小強有智能障礙對觀護人來說一則以喜，一則以憂，喜的是小強如果再犯罪還是很容易被抓包，逃不過法網；憂的是，小強對做壞事會被懲罰這種簡單邏輯都很難再教育，很有可能會增加無辜的被害人。再加上思覺失調加上智能障礙這組合，對所有預防性侵犯罪的執法者、治療者來說，都是最頭痛的組合，難以溝通又無法約束。因為小強基本上不理解抽象思考，更不能從過去的經驗中汲取教訓，他不用與人互動，所以對自己以外的其他人沒有同理心，也無法理解自己的行為對被害人有多大的傷害，案發後小強媽捨得花大錢賠償被害人，又替他請律師收拾善後，所以小強也不認為這案件有多嚴重。

我花了很長的時間抽絲剝繭才發現，小強對現實世界沒有正確的認知，只因為看過了日本A片，就堅信日本這個國家隨處可以找到女生願意跟他發生性關係；只因為看過歐美A片，就堅信會講英文就能在世界任何角落跟女性作愛；只因為看過在女廁性交的A片，就堅信只要把高中女生推進女廁鎖門就可以性交！小強長久以來沒有正確的認知，也沒有適當的行為模式。犯案之後，我認為他只在有人密切、隨時、立即回饋之下，才能對處罰或獎勵有正確的聯結，然而這世界上有什麼約束力可以是二十四小時，全年無休的呢？而且，唯一能密切注意小強行動的小強媽，卻是無限度包容他任何錯誤行為的綿花糖天堂。

當我到小強那占地廣大的透天厝家中，想說明假釋後的規定時，空盪盪的家只有小強媽與我兩個人。一般個案的家人，就算再不喜歡司法人員至少會以禮相待，但小強媽從到頭尾沒有請我坐，自己更不起身相迎也不倒水端茶，就一腳抱膝、一腳晃著拖鞋，坐在門口聽我講話。我盡可能語氣平穩、不帶情緒地說明小強所面臨的規定，小強媽板著一張臉，使我很難判斷她到底瞭不瞭解假釋報到、科技監控、實施宵禁、管區簽到等等預防再犯規定到底該做什麼？

但，小強媽竟突然像川劇變臉一樣說翻臉就翻臉！用食指指著我的鼻子，對我大聲叫罵：「又不是殺人放火！哪可以把阮後生關這麼久！國家沒路用！你叫他掛那個腳環能看嗎？能看嗎？要掛你自己掛！我兒子很乖！都是那個沒見笑A賤人討錢討不夠，肖查某來糾纏我兒子！」

小強終於回家的那天，「無縫接軌」地當天就掛上科技監控，實施宵禁。我扳起撲克臉，冷眼看著小強媽在死去父親的黑白照前點香膜拜，尖銳的哭調啊，一字一句都鑽進我耳裏：「啊～我可憐吔仔啊，老欸～你丟看卡清，系誰郎凌遲你寶貝仔，暗時啊你丟去找伊算帳，啊～我歹命啊～我仔可憐啊，老欸啊～你死也要為我討公道啊……」

對！就是我，我就是你的觀護人，我就是要把你兒子管得又緊又狠，讓他不會出去害人！是哪個鬼敢來找我麻煩？臨走，我只丟了幾句話：「誰凌遲誰？你兒子想強姦被害人，我掛他監控，已經是對他太好，反而對不起被害人了！」我沒有回頭，但從後頸到腳底，都感受到一陣強烈的恨與惡的目光。

佛經裏有一個故事，有個夜叉鬼作惡，受感化後變成守護之神的故事。這個夜叉鬼名叫鬼子母，因為有一百個鬼子，所以經常去搶人類的孩子來給自己的鬼子吃，人類的父母失去孩子悲傷不已，慟哭之聲傳入佛佗耳中，佛佗慈悲，於是偷偷將鬼子母最寵愛的小兒子藏進佛缽底下，鬼子母突然找不到小兒子，傷心欲絕、四處尋找，終於去找到了佛佗，哀求佛佗把孩子還來。佛佗勸誡鬼子母：「你有一百個孩子，少了一個就如此悲傷，別人家的孩子被你的孩子吃了，難道別人家就不悲傷嗎？」鬼子母懇求說：「如果能找回我的孩子，那我即刻立誓，我與我的孩子再也不吃其他人的孩子！」佛佗說：「你願意悔過，不再讓你的孩子吃其他人的孩子，我就把小兒子還給你。」鬼子母徹底悔悟之後，同理其他母親失子的悲傷，更大愛其他人類的子女，因此成為專司守護母嬰之神。

佛佗能渡化鬼子母靠的是佛佗法力無邊，也是因為鬼子母有悟性願意痛改前非，我只是一個平凡人，沒有神通力也沒有超能力，但在小強媽與小強的身上，連我也看不見任何懺悔的光芒。

小強的犯罪是真人真事。不過，一般智能障礙的年輕人，並不會危害社會，甚至常常成為被害人；也不是精神疾病的患者，就會性犯罪；更不是看了A片，就會變成強暴犯；可嘆的是，小強與小強媽的組合，是長年集惡的元素之大成，創造出人人恐懼的病態型性犯罪。如果小強媽願意正確看待小強的疾病，或許小強早些治療可以改善；如果小強不沉迷色情，或許小強一輩子都只是一個單純天真的孩子；如果小強一家人正視小強的各種欠缺現實感行為，或許小強不會變成今天的小強！

所有的「或許」，都不是我能預見的，更不是事後諸葛自以為是的話語就可以解決的，但當任何一個受保護管束人到觀護人這裏來時，看見的永遠已經是最壞結果的集合體。故事的最終是，我又讓小強被關起來遠離社會，希望隔離被害人愈久愈好。我必須坦誠自己沒有能力管教小強、更沒有能力改變小強媽，只好讓小強減少傷害別人的機會、減少增加他罪惡的可能性。我只能祈求佛佗幫忙度化小強母子，佛法無邊，我參不透佛佗會怎樣度化小強母子，但佛佗應該是指引了我，要當一個好缽。

17：旺來頭西瓜尾

第一次報到，頂著一個大光頭、挺著個中廣圓肚的阿財就跟我說，他要準備去開刀，說是在監服刑時，他就知道右膝關節壞了，要換人工關節，因為走路已經痛到不行，再不換就要跛腳了。阿財富態的圓臉卻露出哭喪的表情，問我，有什麼補助可以申請嗎？醫藥費恐怕不夠。

地檢署不是慈善單位，我又不是醫院社工，實在無法評估阿財的關節與財務狀況是不是符合補助標準。同時，一方面，我不想養出社福蟑螂；另一方面，我也不忍心看到他因財務困窘無法治療，所以告訴阿財社福系統與醫療社政的接軌方式，讓專業人士去處理他的治病費用。

隔沒多久，阿財坐著輪椅來報到了，兩腳纏滿紗布，直挺挺地撐在正前方，看起來實在令人難過，但阿財一開口，就沖散了眼前的溫情氣氛……。

「齁喲！老蘇，恁不知齁，挖呷衰，金呷衰，挖嘻咧醫生金呷蒙古郎來到台灣吔，世界尚歹醫生丟挖這咧，開刀開正咖，結果開倒咖，挖金呷衰到咖倉尾挖金呷……」

「等⋯等一咧，開錯腳了？」

「厚！嘿呀！厚……實在系，衰呷！開了煞出來才發現！害我最後兩咖都開了了！兩咖吔老蘇，一個人只有兩咖吔，我哪系榻樞（Taco，日文的章魚），不就八支咖攏開了了！」

腦中想像章魚八隻腳都開刀後纏滿白紗布是什麼模樣？耳裏聽著阿財中氣十足的抱怨哀號，眼睛看著阿財開刀完仍然氣色紅潤的圓臉，真是超有卡通感的！我非常愧疚地承認，眼前的這一切實在太讓我想偷笑了！但之後我才知道，阿財的人生際遇配上他說學逗唱般的敘事方式，簡直是媲美單口相聲，最妙的是，他講的都是真人真事。

報到愈久、談得愈多，我發現阿財其實不太需要醫療補助，因為阿財根本就不窮。阿財已經過世的爸媽算是富裕，姐妹們也都各自有工作和家庭，雖然不太常去探監，但每個月都一定會給阿財寄寄錢、寄寄菜。阿財從年輕時候就很浪蕩，到中年結婚生子仍然沒進化，在他經常不在家的那段日子，婚離了，孩子也大了，入監之後更是無牽無掛，從年輕到老都是「今朝有酒今朝醉，千金散盡還復來」的瀟灑，搞到老年才擔心醫藥費。

我質問阿財當年怎麼都不好好工作呢？阿財理直氣壯反駁我說，當年自己超認真工作，還賺很多錢打金項鍊比牛鍊子還粗呢！原來，阿財年輕的時候，在高雄各大牛肉場當保安經理兼討債的，因為工作「績效」良好，最後被大哥相中挖角竟然到了全台最有名的藍寶石大歌廳當圍事！而且，是當紅大明星豬哥亮身邊的人！

阿財看盡當年台灣錢淹腳目的風光，也置身於最紙醉金迷的世界，每天都跟當時最紅的藝人，像是高凌風、費玉清、余天、李亞萍、陳今佩等明星稱兄道弟，現在被稱為台灣最美歐巴桑的陳美鳳，當年還只是小模小明星而已，舞台上男明星唱歌兼插科打諢，女明星穿薄紗性感勁舞，舞台下或逢場作戲或真情假愛，兼有喝酒打牌賭得一次比一次大，阿財自然也就有樣學樣。

豬哥亮眾所周知的壞習慣就是好賭，阿財跟在豬哥亮身邊最重要的工作就是預防簽賭，但賭癮與毒癮、酒癮一樣，都是難以處理的心癮，再怎麼防也只是像用手指阻擋水流。阿財不讓豬哥亮打電話，避免他去簽大家樂，他還是把 BB call 用防水袋包起來藏在廁所馬桶的水箱裏，趁著假裝上廁所來簽賭，而且豬哥亮都賭很大，輸贏也極為驚人，曾經有一次簽中「特尾」大贏，贏到自己不知道簽中了多少賭金！

阿財露出品味美酒佳釀般的表情回想，當時豬哥亮開的後車廂裏面裝滿了行李箱，大概至少有四、五個，每一個裏面滿滿都是現金，阿財幫豬哥亮拖行李箱進飯店房間後，豬哥亮樂不可支，興奮地滿面紅光，露出狡黠的眼神問阿財：「你有躺在錢上面睡覺過嗎？」然後兩人把行李箱裏所有現金全部倒滿房間內的雙人床，滿床的鈔票猶如秋天的枯葉發出沙沙的摩擦聲，阿財大笑大叫撲到床上去滾來又滾去，拿鈔票當雪天使一樣玩，揮舞雙手雙腳畫出半圓，但阿財不管怎麼揮，都是錢！豬哥亮很大方叫阿財「要多少自己拿！」阿財有點兒「不好意思」，就拿了「一點」，我追問那一點是多少點？阿財一邊用雙手比出一疊卷宗的高度，一邊呵呵笑說：「就那麼一點啦！」

現在快六十歲的阿財很愛追女生，年輕時的阿財更是周旋於美女之間，跟藝人一樣花邊新聞不斷，當時雖然有了美嬌娘在家帶孩子，卻還是四處都有女朋友。其中一位，是來台灣跳大腿舞、身高一百七十五公分以上的俄羅斯金絲貓，洋文名兒叫做「美拉的」，我聽了半天才搞懂原來是「Melody」！阿財學歷只有國中畢業，之前又常逃學，我疑惑地問阿財是會講俄文還是英文嗎？不然怎麼跟金絲貓溝通呢？我更疑惑有老婆的阿財怎能同時搞定這麼多花蝴蝶與老婆大人，阿財得意洋洋地宣稱自己會講一點英文也會一點日文，看我一臉不太相信的樣子，阿財立刻秀出「洋涇濱」的英文說：「老蘇啊，love love is body language, my girlfriend ok ok，哇答系かない 家内 no problgme 的啦！」

我強忍住想哈哈大笑的衝動，假裝嚴肅地問阿財：「那你該不會有個金頭髮的混血小孩還留在俄羅斯沒認爸爸吧？阿財哈哈笑著揮手「才沒有啦老蘇！」語音甫落，阿財突然像被按了暫停鍵一樣停住一切動作，往右上方盯著空虛的一點張開了嘴……三秒鐘後回神正色看著我：「應該沒有。」阿財自己也不確定啊！我憋笑憋的肚子好痛，再想像高䠷性感金絲貓得側彎著身子才能挽著「矮仔財」的畫面，又忍不住再笑一遍。

說起當年勇，阿財笑呵呵，既然「老蘇」這麼認真想知道自己的風光，報到就成為他現今枯躁無奈生活中最重要一種快樂，阿財每回來報到打開話匣子就停不下來，還秀出發黃的黑白照片給我「鑑定」自己年輕時有多麼帥，才會讓美女們個個「手到擒來」，一邊口沫橫飛，一邊不小心從皮夾掉出另一張清秀少女的黑白大頭照——一段藏在皮夾裏快四十年的塵緣往事，我怎麼可能不追問：「阿財，這不是金絲貓，又是你花心的哪一個女朋友？總不可能是老婆吧？」沒想到，阿財難得一見地沒有嘻皮笑臉，嚴肅回答：「老蘇，她是我的傷心，人已經過往了，是我送她最後一程的……」能讓阿財眼角下垂的人，這還是頭一回聽到，而且這說法美得像首詩，少女倩影更美得像圖畫，不問阿財怎麼可以？話說回來，阿財也是很期待我問他的啊！

阿財娓娓道來，這美少女因為家境困苦，只好流落風塵，年紀輕輕就從鄉下到高雄以前最繁華的同愛街一帶討生活，後來就到酒店上班，認識了結婚前的阿財，兩人相知相愛同居在一起。沒多久，女朋友總覺得身體不適，檢查之後赫然發現是婦癌末期！雖然痊癒的希望渺茫，但治療、開刀期間阿財不離不棄，所以女朋友的家人也非常的感動。有一天，女朋友的母親從鄉下來探望，阿財就讓母女敘話，暫時回家洗澡。看護勞心又勞力，阿財吹著冷氣躺著躺著不小心就睡著了，醒來才發現天色已經近黃昏，趕快衝回醫院去，竟發現女朋友在自己離開醫院的時候就過世了！醫院已經將女朋友送到殯儀館。

阿財驅車趕往，黃昏出發到了殯儀館已經是晚上，當時的殯儀館是日式的古老建築，屋簷下還沾滿了蜘蛛網，冷風吹來平添不少陰森恐怖的氣氛，天都黑沉沉了，殯儀館迎接阿財的卻只有短短的一小截日光燈管閃閃爍爍、忽明忽滅地跳動著光影。阿財看四下無人，喊了半嚮，只有一個年長的白髮外省伯伯，慢悠悠地晃出來，阿財國台語雙聲帶，用山東口音的國語問：「老鄉啊，有沒有一個年輕的、瘦瘦的小姐送過來？」老先生想了想說：「有有有，俺記得有，年輕人你往左邊走、走走走過去就會看見了！」於是，阿財一顆心緊緊地糾在一起，滿懷都是說不出緊張、痛苦、悲傷害怕的心情，一直往左邊走，終於看見停大體處，就只有一條破破爛爛的白色壽布，壽字繡線都掉毛成虛線了，寒酸悲涼地蓋在一個瘦小的身體上，阿財一眼就崩潰了，忍不住心酸全湧上來就大哭出聲，一邊哭一邊走過去想要見女朋友最後一面，一時衝動，就把破破爛爛的壽布大力掀起來！

阿財大叫一聲「么壽喔！」倒退跳開，原來逝者是一個阿婆……。

阿財馬上雙手合十不斷道歉：「阿嬤，金歹勢金歹勢！阮不是故意的，拜託阿嬤原諒阮，但系阿嬤不原諒阮也沒法度，阮哪A知影啦！」

嚇出一身大汗後，阿財也哭不出來了，湧出了生平最大的勇氣，衝回門口去罵老兵：「你！他X的亂講，竟然害我去弄到老人家！」老兵連忙道歉解釋，應該是在更左邊一點啊！真的在裏面在裏面真的啦！對不住！對不住！

阿財一邊罵髒話，一邊無奈地又再往裏面走，後來才看到一位小姐幫遺體化妝完畢收拾瓶瓶罐罐。於是阿財又問是否有女性被送來？形容一下女友的身高體重，遺體化妝師很肯定地說，確實是剛剛才幫她畫完妝，但是因為剛剛被阿嬤嚇了一大跳，所以阿財這回不敢隨便把壽布掀開來看，於是再三詢問遺體化妝師，對方覺得很煩，又要忙別的事情，就說你自己看一看就知道了，一定就是！

於是，阿財為愛鼓起勇氣，慢慢掀開壽布，果然是自己的女朋友！阿財看見遺容，雖然臉色灰白，卻彷彿睡著那樣祥和美麗，又忍不住悲從中來，一邊哭、一邊拉著女朋友的手說：「你醒來啦，別睡了啦！別睡了啦，我們兩個一起、一起回家去……」沒想到一拉手，遺體早就冰冷的女朋友，竟然雙目兩行清淚一直滑下來，阿財看了更加的傷心，號哭著打算抱起女朋友要走人！

遺體化妝師驚見這個場面，衝過來把阿財推開，叫阿財到外面去布置一個小桌子幫女友祭拜，有什麼話想要跟女朋友說的，或是讓女朋友交代一下有什麼遺願還沒有完成？阿財哽咽地祭拜著女友，喃喃自語傾訴著跟女友還沒完成的願望，要一起去旅行、要賺大錢讓女友不再上夜班、要買房子給女友過好日子、要……要把一千個一萬個遺憾全部都說盡。阿財完全忘記天有多黑、環境有多陰森、剛剛有多害怕，悲傷占據了他全部的心靈，手上紙錢一張張化成灰燼，隨風旋轉、飛舞、飄散四處，卻一點灰屑也沒有沾在阿財身上，阿財哭得更傷心了，他深信，是愛乾淨的女朋友，輕輕地為他拂開了灰燼……。

當晚，阿財不知道自己怎麼回到家的，只知道回家之後就做了一個夢，女朋友交代自己，去鞋櫃最裏面找一雙鞋，有一雙閃閃發光、亮晶晶的紅高跟鞋。阿財半信半疑，自己從來沒看過女朋友穿紅色高跟鞋，但想想也許女友是希望自己為她打扮打扮、美美地走。伸手去鞋櫃裏挖到最後面的地方，才發現真有一個沾滿灰塵的塑膠袋裝了東西，的確是一雙紅鞋，只不過一點也不漂亮了，很舊又破了，但仔細檢查才發現，女友在又髒又舊的紅布鞋裏藏了好幾條的金項鍊！阿財一看就明白，女友的心意是什麼，當年女友離開鄉下穿的就是這雙布鞋，布鞋就是存摺，這些金項鍊就是女友一點一滴的存款，女友深怕阿財粗枝大葉把舊布鞋連著金項鍊一起丟了！於是，阿財替女友辦完了喪禮，握著泣不成聲的「無緣岳母」雙手，把金項鍊交到老太太手中，讓女朋友完成最後一次的資助家計，此後，阿財離開女友的老家，再也不捨回頭。

年輕時的精彩，映照著阿財現在的拮据，過往阿財每個晚上可賺上萬元，跟著豬哥亮賭錢輸贏可以幾十萬，但是當時賺的錢，全部賭光、輸光、花光、更糟的是還吸毒吸光了。當年忙著交一任又一任的女朋友，沒有好好照顧家也沒有好好愛護兒子，如今父母離世、兒子也不認這個爸，更別說奉養了。現在，阿財不賭不吸毒，拚死拚活，每個月賺最低工資二萬多，想盡辦法加班也不過三萬出頭，但阿財竟沒有埋怨什麼，這一點倒讓我很佩服，我隨口說了一句：「阿財，你這是蚱蜢的人生。」阿財竟然逼問我是什麼蚱蜢？我三言兩語把伊索寓言的精簡版說給阿財聽：

溫暖的季節，森林裏到處是糧食。

但是螞蟻們辛勤的工作，爲冬天準備糧食。

懶惰的蚱蜢卻在樹下唱歌，並且嘲笑螞蟻不懂得享受。

秋天到了，蚱蜢還是到處閒逛。

漸漸的，果實掉了，草枯黃了，森林裏再也找不到東西吃了。

蚱蜢又冷又餓，不知道能不能度過嚴寒的冬天？

聽完了伊索寓言的蚱蜢……不，是阿財，竟然誠懇地點點頭說：「對，我是蚱蜢。所以我早就看開了，活多久算多久，無所謂，死掉也不要葬，燒一燒找棵樹隨便撒撒就好！」

我偷笑了一下：「阿財，你兒子恐怕不會幫你辦後事，誰要幫你去樹葬隨便撒？」

「老蘇啊，我很聰明的啦！你說那個什麼樹葬，我問過了啦，還要錢，金麻煩，找個公園有樹就好了啊！我跟一個朋友講好了厚，他死了我幫他撒、我死了他幫我撒，找個晚上沒人的時候撒就好了啦！」

腦子裏不由自主浮現阿財偷偷摸摸半夜去公園撒骨灰或被撒骨灰的畫面，完全沒有陰森可怕的氣氛，我又忍不住想笑，順便開他玩笑：「阿財你的自己骨灰隨便撒樹下，小狗會來樹下尿尿喔！」

「嘿，那更加好！我喜歡小狗，來陪我才不會無聊。」

哈哈哈哈哈，在嚴肅的約談室裏，我卻實在忍不住大笑出來，但是，阿財笑得比我更大聲。

臨走，阿財很開心地跟我說：「老蘇啊，我不是蚱蜢，是旺來尾或是西瓜頭啦！」我呆了一下，心想是什麼意思？我只聽過鳳梨頭西瓜尾啊！轉念一想，我笑了，阿財看我意會過來，很得意地揮揮手回家了。

古語勸誡世人，鳳梨頭西瓜尾，意指鳳梨頭、西瓜尾比較甜，所以倒頭吃，先吃較不甜的，最後才知甜味，鼓勵人先苦而甘。阿財有自知之明，也心甘情願地承擔了自己老年的困境，連後事都規劃好了，也不怕小狗來尿尿，我又有什麼好勸說的呢？只不過，後來每回看到公園裏的小狗靠著樹幹尿尿，都害我想到阿財……。

18
來自地獄的家書

家，是生物最重要的避風港。

性，是人類最私密的隱蔽處。

在應該是最安全的地方，受到最深的傷害，行凶的是最應該保護弱者的人，對於人類這種生物，你還能有什麼期望？

在追求真相與正義的地方，犯下滔天大罪的惡人，直視著我的雙眼，說出難以計數的謊話，對於人類這種生物，我還能有什麼期望？

在所有的犯罪類型當中，乘載最多悲傷的，莫過於家庭內的性侵害案件，而且這種案件絕大多數的被害人，都是最應該被保護的未成年人。不幸的是，「我的家庭真可愛、整潔美滿又安康，爸爸早起看書報、媽媽早起做早操」這教科書的標準家庭，很多時候都只是幻夢一場，甚至對家內性侵的被害人來說，課本內容簡直是比笑話更諷刺。更不幸的是，這種家內性侵案件其實並不少，犯罪黑數更是多得驚人，不知道是我的「股運」特別差、還是犯罪縮影就是這樣，就我自己這一股曾接手處遇的家內性侵害案件，有繼父性侵害沒有血緣的女兒，也有親生父親性侵害親生女兒，更有媽媽性侵害自己的親生女兒，甚至竟然還有爸爸性侵害自己的親生兒子。是的，你沒有看錯，就是爸爸性侵犯自己的親生兒子！

一開始看到案件的時候，我一面翻卷、一面從食不下嚥逐漸噁心反胃。個案原本假裝是好心的教練，把一群國中生組織起來，免費指導做校際棒球比賽，慢慢地跟這群國中生建立了熟識的亦師亦友關係，甚至家長也很放心把小孩交給熱心的教練看管，但事實上是羊入虎口，他是在經營自己的專屬後宮。

他把家長疏於照料、欠缺關心或是對性好奇的國中男孩子集中起來，彼此建立歸屬感、建立互信基礎，常常一大夥人吆喝去他家裏去玩，後來也會分別帶回家裏，一開始是一群孩子跟他一起洗澡，後來就挑出特別弱勢或最好下手的男學生，說這位男學生打球後全身特別臭，一定是洗澡洗不乾淨，所以「好心」幫忙男學生洗澡，尤其是下體的部分，他洗得特別勤勞。沒多久，狼的尾巴就露出來了，有十數個男學生被性侵害，有近二十個男學生被猥褻。

事件爆發之後，個案就被判刑、抓進監獄裏面服刑，不知道為什麼這個案能被評估為「悛悔有據」，然後就被假釋出獄了！這明明白白是一匹戀童的變態色狼，甚至很有可能是反社會人格者，在難以治療與管束的對象排行榜上名列前茅，無論就犯罪學、心理學、法律或諮商與輔導，其實都沒有什麼好法子可以真正有效預防戀童性侵犯，更遑論反社會人格的戀童性侵犯了！我的頭很痛，到底要怎麼做才能控制他？

在還沒有想出「最佳解決方案」之前，我只好以量取勝，有人說我狠、有人覺得我未審先判、有人直言不諱說我自找麻煩，這些指責我都承認，也坦誠接受，但是這次我還是什麼都要做，因為我心中的觀護天平是一腳踏在預防再犯、另一腳踩在輔導更生。

不從嚴的代價實在太高，如果他再犯罪，一個無辜少年的五彩青春從此變無彩，我要怎麼說服自己？所以，我寧可累死自己，把身為一個觀護人可以用的法律武器全部都放在他身上——電子監控、宵禁、派出所每日簽到、加強報到，還要求他寫日常生活報告，甚至簽了一個檢察官命令是從來沒有過的「禁止有給職與無給職參與未成年人運動活動」，任何形式、任何運動、任何活動，統統不准！

他雖然喃喃抱怨，卻通通都照著規定來，非常的配合，禮貌周到，字跡工整，表現得像個模範生，周邊團隊的網絡合作夥伴也對他的表現十分認同，可是不知道為什麼，每次見到他，我就覺得煩躁不堪，我問的每一個問題他都一臉誠懇的回答我，但是我總覺得他似乎沒有說實話，我實在不知道為什麼會有這種感覺。我一向要求自己必須盡可能公平的對待每一種類型的每一個個案，但即使面對言語粗鄙，態度張狂的個案，也沒有像這樣感覺到發自內心的不快，但我又說不出個所以然來，只好借助科技的力量，命令他接受測謊。一般的個案測謊都會有一點緊張，但沒有想到他竟然笑容滿面的說，測謊讓他壓力大幅釋放，反而改善了失眠症狀，真是太愉快了！而測謊的結果是他不但通過了測謊，大家也相信他所說的應該都是真話，因此我沒有任何足以合理懷疑的理由認為他說謊或為非作歹。我只好承認自己很不專業的、沒有理由，就是很厭惡他。

厭惡歸厭惡，該做的工作還是要做，該面對的人還是得面對，而且必須埋藏自己厭惡的情緒，就這樣幾個月平安無事的過去了，直到那一天，平日互動良好的網絡夥伴一大早突然語氣焦急地打電話通知我，他跑到國小校園去，假裝是某棒球明星高校的教練，趁機猥褻與性侵害國小男生！幸好事後證實是誤報，是機警的國小生，主動告訴父母親有奇怪的教練會傳女人脫衣服的影片和詭異的訊息，而且學校裏有好幾個同學都收到了，甚至有同學被問：「要不要一起來看A片？」這明確是性騷擾的行為，但還不至於得手猥褻與性侵害。

可是，對我來說這卻是非常嚴重的警訊，我認定這是他繼續再犯罪的標準動作，就跟刷牙之後要漱口一樣自然，下一步必然就是性侵害！

一股強烈的憤怒伴隨激動與緊張同時湧現，太陽穴血液鼓動的聲音噗咚噗咚噗咚不斷地打擊著血管，我不知道自己當時看起來是什麼模樣，但可以感覺得到自己臉上很熱，四肢很冷，我不斷重溫法律賦予觀護人什麼武器又該怎麼使用，接下來該做什麼，下一步該怎麼做、再下一步該怎麼做、再再下一步更下一步！

如果可以拍一張腦神經細胞聯結突觸的醫學照片，這時候我的大腦裏應該會像聖誕樹一樣，閃著各種色彩的光芒，交錯著停頓與恆亮，顯著於外的我卻是狀如瘋魔，十指用飛快的速度運送字體在撤銷假釋報告書上，突然之間停頓了下來，焦躁地抓著滿頭亂髮，又接著瘋狂的開始打起電話，用超快的語速拜託網絡合作夥伴協助我聯絡教育局和學校單位，把他所有出沒過、停留過的國中小學校全部找來做預防性的示警，當然，也包括他含情脈脈說接送要用生命保護的兒子，正在就讀的那間國中。

警察、學校老師、心衛中心、家防中心所有專業人士齊聚一堂，聽我說明個案的狀況，我說得愈多，他們的表情就愈沉重，因為他們也是為人父、為人母、為人師的主要照顧者，最後，每一個人的眼神都從專業的冷靜變成正常人的驚恐，當他們離開會議室的時候，幾乎每個人都拿出手機來，拚了命地打電話，聯絡他們該聯絡的人。

我知道自己的話好像是丟了一顆核子彈，但是要預防連續性侵男童的變態色狼，用委婉的辭藻就像是想用絲綢綁住惡狼一樣。

我請個案兒子所就讀的那所學校老師最後留下來，坦承我內心最深層的憂慮……八年後的今天，我仍然無法忘記老師打電話給我時聲音裏的顫抖，我多麼希望我的憂慮是錯的，我多麼希望虎毒不食子！

這惡狼為什麼能夠在這幾個月遵守規定？或許是因為他巧妙地誘騙兒子跟自己同住，所以他根本不需要違反命令就可以滿足他病態的性慾，被害人就跟他住在同一個屋簷下、睡在同一張床上，沒有人知道、更沒有人懷疑，才十幾歲的兒子對自己的父親既孺慕，又需要被父親照顧，如果不是那所學校的老師，在那天接到可怕的提醒之後主動地問孩子，孩子根本就不敢說出自己受了多大的傷害……。

當時，有人問我，十幾歲的國中生，體力上應該可以抵抗不想要的性行為，孩子為什麼不抵抗？

我想，這種出自應該是專業人士之口卻完全不專業的推論，就是為什麼家庭內性侵犯案件如此深沉、長期與悲痛的原因，正因為加害人是最愛、最尊敬、也是最主要的照顧者，被害人在身體、心靈以及關係上都是弱勢，根本不可能有抵抗的機會，再加上藉由照顧者的優勢地位，加害人像我的個案這樣一而再再而三地用「我再也不養你」這種話來脅迫兒子，又用「我這樣才是愛你、為你好、教你對」來哄騙兒子。

日日夜夜的洗腦，心智不成熟的少年，又怎麼可能知道要抵抗這種病態的性行為呢？即使兒子感覺這是不對的，也不敢啟口求助，覺得被性侵害是丟臉的，更深怕其他的大人不相信自己，所以只能持續忍受，這也就是為什麼很多家內性侵害案件，都是在很多年之後才爆發，因為加害人與被害人都一起積極地隱瞞這個悲劇。

我簡直不敢想像，如果沒有介入，這孩子還要忍受這種痛苦多久？我更不敢想像，這個可怕的變態色狼接下來，甚至很有可能會脅迫兒子當自己的幫凶，去性侵害或者協助欺騙其他的國中生成為他的玩物，而且個案絕對沒有一絲絲的遲疑或不安，正如同他愉快地通過測謊一樣。

因為測謊的原理，是認知與行為相左的時候，才會出現緊張的反應，正常人說謊是知道自己做錯，所以會覺得不安而心跳加快、緊張難受，無法通過測謊，但我們無法用正常人的心態或「推己及人」的想法去同理他，因為一個反社會人格者，根本不會覺得犯罪有任何不安、更不會覺得自己做錯了什麼，反社會人格者做任何犯罪行為都會覺得自己做得很棒、很對、很好！反社會人格者發自內心深信，一切都是其他人誤會了自己，是其他的人不對啊！

當時，婦幼隊的小隊長非常積極地協調警方幹員去緝捕個案，在訊問的時候，個案睜著清澄的雙眼，誠懇地告訴警官們，絕對沒有性侵害兒子，甚至當場發毒誓：

「我是用生命去愛兒子的！」

他說，假釋後這段時間，每天最重要的事就是去接送兒子上下課，經過了這條路、那條河，都是真實存在的地景，沒有一句謊言；但諷刺的是，個案在報到時，對我說，每天最重要的事，就是認真工作、勤奮賺錢，將來有機會再見到兒子時，才能給寄養在遠處的兒子富足生活，個案眼睛眨也不眨，直視我的雙眼。如果說眼睛是靈魂之窗，透過那對窗，我所看見的，是什麼？

當天，他就被羈押了，孩子也被社會局安置。之後，他陸陸續續寫了很多信給檢察官、給孩子，基於合作的信任，我才會看過這些不能公開的信。

寫給檢察官的，滿紙謊言、鬼話連篇，檢察官與我私下都搖頭苦笑不已，附卷也就算了。但寫給孩子的，左一句「最愛的兒子」，右一句「你是我的生命」，但內容卻是恐嚇孩子不許說出實情，否則就會「拒絕撫養」，時不時還傾吐對兒子的「相思」，接下來竟開始關心兒子的夢遺與內褲，鉅細靡遺說明如何洗潔下體、如何清理陰莖、如何自慰才不會傷身體！每一張紙、每一封信，都是這些噁心到讓人想吐的病態情節，連我看了都快要崩潰，更何況孩子。所以有經驗的被害人保護團隊根本不敢讓這些信件送到飽受創傷的孩子手上，深怕造成更嚴重的二度創傷，所以孩子沒看過這些信。但，看過信的我，已經深受替代性創傷，整夜無法入眠。

在很多位警察、社工、檢察官、法官、衛生局長等等，許多人共同努力之下，個案被撤銷了假釋，性侵兒子的案件也被重判，在被害人成年之前，他是不會有機會重見天日的，但他總有一天可以活著走出監獄的大門，可是被害人的心靈傷痛卻是無止境的！

電影裏面人魔、紅龍、沉默的羔羊，劇情很有張力、演員表現得很棒、氣氛非常緊張，但是我一點都不害怕，因為真正值得害怕的，長得跟你和我沒什麼兩樣，甚至更加溫文爾雅，就是那個我送進去關的個案。他的身體屬於監獄，他的靈魂屬於地獄。我親眼看見的「邪惡」，不是二個字的形容詞，而是一個活生生的人，製造出活生生的悲劇，重創活生生的孩子！當被害的孩子飽受傷痛之時，也在我的內心深處，留下一道很長很長的傷疤，那是最黑暗的黑暗。因為，他的每一句話、每一個影像，都是我揮之不去的闇影，他的每一封信，都是來自地獄的家書，只適合烈火燒毀，不適合閱讀。

在撤銷這個案假釋的過程中，某些人指責我，質問我為何沒有告訴個案不可以再犯罪？某些人教訓我，質問我為何在檢察官尚未起訴就要先撤銷假釋？但我沒有餘力感傷自己的處境，更沒有時間處理這些謾罵，我再怎麼傷痕累累都比不上這孩子的痛苦，他一生所背負的傷，是連最愛、最信任、最應該保護自己的人，都能夠做出如此人神公憤的事，到底還有誰是可以相信的呢？就算孩子不記得我，都沒有關係，我只是要讓孩子知道，還是有某些大人會相信你、體制還能保護你！

我深知，在現實中，若是我沒有做那麼多，若是我沒有神經兮兮地懷疑個案，就不可能發現這孩子受苦，就不可能有整個體制去救出這孩子；但是，在我的心中，這孩子的人格，其實才是拯救我的希望之絲，不致滅絕了我對人性與這工作的期待，因為孩子曾說過：「老師，你們可以去找我家隔壁的阿明嗎？如果今天我沒回家，我怕阿明會是下一個……」

一個性侵害倖存的孩子，鼓起全部的勇氣，說出不堪的事實真相已經夠了不起了，在自己受到如此折磨的情況下還能保持良善，為鄰居、朋友著想，這孩子是黑暗中唯一的光輝，是地獄裏救苦的目連！目連大可以只在乎自己，沒有人能責怪他；目連大可以逃離地獄，不用管別人也會下地獄。

佛法故事裏的目連，用布施救了作惡多端的母親，真實世界的目連，讓父親去服刑，用監獄救了爸爸不再繼續沉淪犯罪深淵，同時，更保護了無數個與他同樣的國中孩子，免於被性侵害！這孩子出於加害人的血緣，受到性侵害、來自親生父親的性侵害，但是，我不容許任何人污名化性侵害的倖存者，在我眼中，這孩子仍然是純潔、無垢的白蓮，他小小的身軀湧出無限的勇氣，消滅了地獄的業火，他踏過了地獄重新活出生命，是我心中，真正的目連。

19

加油

在你人生黑暗低潮時期，偶爾，會巧遇一雙見到你就發亮的眼睛，感謝你曾經照亮了他的人生。他閃爍的眸光像是微小的螢火蟲之光，卻點亮了你自己眼前的道路。

有段時間，我遠調他署，假期返家的我，總抱著無奈與惆悵的心情，準備迎接漫長的高速公路長程通勤。有一次返家上路前，先去加油站，突然間，我認出那削瘦的背影和染得錯落的紅頭髮，當她面向我搖下的車窗，伸出瘦骨嶙峋的手收錢時，看到凹陷的雙頰，我確定絕對是她——這個曾經吸毒、誤入歧途的「夾心餅乾媽媽」月淑。

月淑報到的時間其實只有短短六、七個月，通常這種假釋期間短的毒品案件，是最讓我煩躁的類型。因為個案的再犯機率高、行政流程趕，有時報到拖拖拉拉，沒見到幾次面就撤銷假釋了。沒想到，月淑驗尿不但正常，而且活得很積極，才假釋出監二、三個月就頂下一間早餐店，每天凌晨起床準備賣早餐，勤奮打理店容，精心製作美味，讓生意一下子就紅紅火火，忙到連得了帕金森氏症的老媽媽也拉到店裏來幫忙。老闆娘校長兼撞鐘，店裏生意很好，可惜因此得罪了街坊，開始發生爭執，房東眼紅日進斗金，也想收回店面自己經營，月淑無力解決，索性將早餐店結束營業，但月淑沒有沮喪，沒幾天就又找到新工作，去當學校伙食堂的阿姨，一樣生活得積極，沒想到，未成年的女兒懷孕了！

國中沒畢業的女兒正值荳蔻年華，就算早孕，月淑也只覺得可惜女兒的人生而已，畢竟月淑自己當年也是早婚早生。但是讓女兒懷孕的同居男友，年紀只小自己沒幾歲！月淑的女兒等於是找了個能當爸的老男人當男友，而且平時遊手好閒、不務正業也就算了，女兒懷孕期間卻仍然沒照料孕婦，還疑似販毒，被檢察官偵查中，開庭通知一張又一張寄到女兒男友家。

月淑去看望女兒，大腹便便、行動緩慢，桌上滿是零食餅乾的空袋子，桌下垃圾堆滿滿，螞蟻遍地亂爬。問起未來女婿呢？女兒支吾其詞，月淑經驗老道，想也猜得出來大概是要潛逃準備被通緝了！沒多久女兒生產，住院時，既沒有魚湯通乳又沒有麻油雞飄香，連幾件勉強替換的孕婦裝都是自己買給女兒的，男友和未來婆婆的疏離已夠讓人難過，更難堪的是男友竟然沒打算要負起責任，甚至連小孩都不想留下，讓她原本希望女兒結婚有個幸福小家庭的希望完全破滅，「痛心」二個字，早就不足以形容月淑的情緒。

早在女兒國小時期，月淑就背負著不堪的錯誤，前夫吸毒也販毒，連帶自己也沉淪毒海，更因此犯下重大刑案，吸毒時期養育女兒的責任丟給了老媽媽，所幸被捕後，在獄中戒毒戒了乾淨，但是在女兒最需要管教和照料的青春期，自己卻是身陷囹圄，成為女兒難以啟齒的羞辱，隔代教養的老媽媽已經沒辦法好好管教女兒，沒多久女兒就開始逃學逃家，才會演變成如今難以收拾的局面。好幾次在約談室裏，月淑自責地落下淚來，又氣、又恨、無助又無奈。但月淑畢竟也是在社會打滾過的，仔細思前想後，推算女兒懷孕生產的時間，那個不負責任男友一定是在未滿十六歲前與女兒發生性行為的，她振作起來，下定決心，要替女兒和孫女討個公道。

雖然月淑自己是被司法制度判刑、入獄，但她還是相信司法制度是公平正義的化身。她提告女兒的男友性侵未成年少女，沒想到竟被反訴恐嚇，歷經人生大風大浪的她，現在卻像一葉孤舟，簡陋的約談室竟成為月淑惟一療傷止痛的避風港，憤憤不平的淚水一再滑落，她常常在已經報到結束後沒幾天，又突然出現，寧可坐在約談室外枯等到旁人都下班了，也堅持要跟我談談。

人都走光了，靜悄悄的約談室，只有月淑的低泣聲，她未曾怨天尤人、從來不歇斯底里，但那壓抑著的悲哭卻是更令人心糾的哀鳴，聲聲都如同杜鵑鳥般泣血，就算再鐵石心腸的人也覺得感傷，更何況是坐在對面、熟悉她的我？但聽她訴苦、聽她哭、用光衛生紙是必經的過程，安撫月淑的痛苦情緒之後，或許是為母則強的堅毅，月淑哭完總還是能打起精神問我：「老蘇，那我接下來該怎麼辦？」

我解釋法律程序是什麼，但她和一般民眾一樣，每回的訴訟過程都很緊張、很害怕，即使是任何正常的法定程序，都讓她焦慮不已。對司法界的專業人士來說很難理解的是，即使是已經歷經整個刑事司法流程的她，卻連基本的「開庭通知」是什麼都不懂、院方或檢方也傻傻分不清、法官檢察官都是「大人」。所以每次都要用最簡單淺顯的方式解釋給她聽，但也許對民眾來說，司法流程和法律術語實在很難理解，每次說明基本案件流程，我講到後面她忘了前面，我只好一面講一面教她如何寫筆記，否則過幾天我又得重講一次。慢慢的，她堅強起來，也愈來愈懂得接受和運用給她的社會資源。

這次，司法制度回應月淑的祈禱，她獲得合理的判決，但在控訴女兒男友的過程中，卻感覺女兒一心向著男友，月淑第一次失聲大哭說：「女兒在開庭時講的話，就好像用尖刀一刀刀剜著我的心！這比打官司更痛苦！」可是，這些痛苦她卻不敢告訴母親，更不敢告訴檢察官，她想來想去，又只好來找我，即使月淑已經期滿，還是會自己偷偷跑來，隔著玻璃門看見我在，就喜出望外地擠進約談室，想跟我談談，雖然保護管束已經期滿，我不能再受理報到，但這種期滿同學「回來看看老師」的藉口，又實在讓人沒有辦法拒絕。

幸好，月淑即使期滿也沒有令人失望，她主動報告的不只是令人感傷的訴訟，還有好消息，她踏實認真工作，靠血汗勞力去加油站上班，每個小時最多賺個百來元，每天算日薪，有做才有收入，一個月收入大約只到基本薪資的水準，養家活口都嫌不夠，但她還是「發心」會捐錢給廟裏，希望用減少自己的罪惡、幫助需要幫助的人，這種純樸而感恩的行為很令人感動，但我卻不覺得捐贈給廟裏都一定有妥善的運用。於是，我說了犯罪被害人保護協會的工作內容，月淑眼睛都亮了起來，馬上就想站起來，直說要去捐錢，我忍不住勸阻她，不要勉強自己，告訴她犯保的目的是未來有能力時再付出就可以了，但月淑很堅持，想為當年所傷害的人略盡彌補的心意，即使早就已不記得她案件被害人的容貌。我陪著她走到犯罪被害人保護協會，月淑扭捏許久，紅著臉低聲問我：「啊這間辦公室這麼棒、這麼大間，我哪捐三百元會不會被人家棄嫌？」對過去的罪行羞愧，又難以面對社會，她窘迫的心情，挖盡腦海中貧瘠的言語，只能講出這句牛頭不對馬嘴的話，但我笑著鼓勵月淑，即使是捐一塊錢也很珍貴！因為這份悔恨歉疚的心意如同涓滴化為甘泉，是給予其他被害人在受害荒漠裏生命之源。

許多諮商、輔導和社工研究經驗都發現，同為女性的協助和來自女性的慰藉，對女性受輔導人效果非常強大，這些理論在她身上是得到完全的體現，月淑靠著母親的期望維繫正向生活，對女性觀護人有充份的安全感，聽她抽抽噎噎訴說支離破碎的人生，為她分崩離析的親情尋找牽聯的情絲，重新縫補生命裏曾經失去的關係和愛，對月淑來說，我的建議就像天籟，每句話她都會非常努力地去做，也漸漸有了些起色，所以月淑養成了有空就跑來約談室外等候的「壞習慣」，直到我突然被調動到其他地區。

為了減少無謂的困擾，杜絕任何可能的關說，我一直以來從不告訴受保護管束人我的名字，月淑不知道我被調動到哪裏，只知道別人說我調走了。

對一個國中沒畢業、搞不清楚全台灣有二十一個縣市地檢署的月淑來說，不知道觀護人姓啥名誰、不知何去的狀況，簡直是茫茫人海，但是，月淑竟然想盡了辦法，趁著白天工作的空檔，打了無數通電話，經歷各種混亂的轉接與不斷地被人掛電話後，終於找到了調到其他地檢署的我！

聽到來自第二故鄉純樸又猶豫不決的台灣國語，問是不是從高雄來的老師時，我忍不住笑了，半開玩笑地問她：「怎麼畢業了，老師還要售後保固這麼久啊？」月淑竟哀怨地回答我：「啊……就莫宰羊應該按哪辦啊！」

我真後悔說了這句玩笑話，猶如輕忽自己心中的就職誓言，任職之初，我就曾發誓要認真傾聽他們的說話，因為對受保護管束人來說，這一生中最認真聽他說話的人，可能就只有觀護人！許多人都認為觀護人應該「說」很多，才能輔導他們，但其實真正輔導成功的要件，不在於自己說了很多話，而在於對方說了哪些話，同時適切地回應對方的話。

人本主義心理治療宗師 Carl Rogers 創立的當事人中心治療，是當代心理治療的顯學，他的女兒 Natalie Rogers 繼承父親的衣缽也成為一代心理治療的大師，她的一句話最切中我們工作的核心：「The most powerful thing from the client's point of view is to be deeply heard.」（從個案的角度來看，最有效的事莫過於真正深入的傾聽。）

月淑一向溫柔的聲音幽幽細細地流過電話線，傳進我耳裏，落進我心中，其實，說了好久，她並不是真的有什麼非問不可的事要找我，而是每個人的生活總有些酸、有些苦，日子久了，又加上思念發酵成了酒，解酒良方就是看看老師，即使看不見人，至少也聽聽老師說話。最重要的是，她想來跟老師傾吐，即使知道我會回答的是哪句話，她還是想聽一遍又一遍，因為月淑在乎的不是答案，是我會聽她說話，而且，是我、只有我、聽她說，才有用！

十數年的經驗和學習在我腦海中出現各種專有名詞，這叫 social bond、這叫社會賦歸、這叫諮商關係建立、這叫整合性羞恥、這叫……。

這些炫麗的專有名詞都像風沙飛過般不重要，重要的是清晰地刻劃在石板上的銘文：「信任」這二個最簡單的字。受保護管束人和觀護人之間，建立的關係不僅僅只是職業互動，更包括了人與人相互理解和信任的真心，更困難地融合了職業的界限和法律的規定，但即使是在如此衝突的關係之下，月淑還是信任了站在對立面的我，猶如野兔信賴猛獅。這份信任，是專屬、是唯一，是皇帝也無法下令改變或移轉給別人的無價之寶，也是改變一個人重新走上光明生活的第一把火炬。

根據經驗，隨時間過去，這把火炬常常僅留下灰黑餘燼，甚至灰飛煙滅，我不知道她心裏的這把火炬消失了沒有，忍不住在加油站裏輕聲喊了她的名字，月淑疲憊的雙眸突然發光，笑顏逐開，我們就站在加油島上，聽她叨叨絮絮地說著現在的生活。月淑突然想起應該要告訴站長是老師來看她，免得被站長誤認是摸魚，急忙跑去報告站長，我怕她被罵，想先走讓她好好工作，月淑急著阻止說：「老師，你調走的時候，我覺得天都黑一邊，以後不知道要怎麼辦，終於見到你了，千萬不要走，我一定要跟你講話啦！」

我是一個微不足道的存在，在我所屬的工作場域，更是常被輕忽觀護的專業，但對她來說，卻是象徵希望，讓她臉上發出了衷心喜悅的光芒。月淑很興奮又很得意，告訴我她沒有再碰毒，管區定期驗尿也證明她的乾淨清白，她每天工作十二小時，拚命賺錢養活一家四代，甚至修補了女兒多年來斷絕的親情，把女兒和孫女接回來和老母親同住，她偷偷指著後面認真擦車的長髮女孩說：「那就是我女兒！」一順著手指的方向，我看見一個完全不像生過孩子的瘦小女孩，在午後的陽光下全神貫注地打拚，月淑凝視著跟她一樣瘦的女兒，表情是感動、是喜悅、是欣慰、想必是五味雜陳的回憶一齊湧上心頭，我看著她們母女，不知道自己的表情是什麼模樣，因為我自己五味雜陳的回憶也一齊湧上心頭。

看著後方的車陣越排越長，加油站站長疑惑的眼神愈來愈射向這邊，我對她揮揮手道別，祝她順利，也為她加油，她一手揮舞向我回禮道別，一手高舉油槍替客人加油，我笑了，因為眼前這景像豐富地填滿了寫實畫面和抽象意境，但更讓我拚命壓抑酸楚的鼻頭，她假釋後是多麼需要我為她加油，她的孺慕信任無意間也替我加油，如今她舉起油槍為別人加油，更為她摯愛也愛她的媽媽、女兒，加油！

故事原本應該到此為止。

但是，我想做一個誠實的記錄者，遠勝過當一個虛構的小說家。為了想「不期而遇」月淑，我經常刻意繞遠路去她工作的加油站加油，有時見得到她、有時見不到，見到時就重演一次感人的赤子情深，月淑總用撒嬌般拖長語尾叫著老師，然後向我奔來；但每次見不到她的時候，我總是有點擔心，然後說服自己，只是因為排班不巧而已。一次、二次、三次，好幾次，三年之後我還是沒見到她，我總說服自己，月淑只因為排班不巧，又或者，她找到更好的工作了！終於有一天，我實在忍不住了，結帳的時候，問了收銀的員工是否認識頭髮長長、挑染紅色、瘦瘦高高的月淑？年輕的男員工一臉狐疑地盯著我看，的確，這樣打探別人真是有夠詭異的！我只好堆滿人畜無害的笑容，含糊地說：「月淑之前是我的學生啦！我久沒看到她了，想問看看她還有沒有在這兒上班？沒有要打擾她的意思啦……。」語音甫落，男員工馬上說：「有！有！我知道，月淑常常說老師長、老師短的，我聽過很多次，她之前在地檢署報到的老師，原來就是你啊！那跟你說沒關係的，月淑有告訴我她之前的事，但是……她……」

我心一緊，就差沒跳下駕駛座抓住男員工，連忙問他：「請你告訴我，她怎樣了？去哪裏了？是怎麼了？」

男員工聲音沉了下去，左右張望無人，把頭探進車窗些，才低語：「月淑沒做了，她應該是出事了，我猜，她又吸毒了，所以，就不來上班，之前她是我們這個站的模範員工，因為她工作很認真，而且可能是當媽媽的關係，很會照顧新人，又教年輕人都一定要去考駕照，讓他們都走正路，還告訴大家不要做壞，她都做過，做壞不好玩，好好工作才實在，所以老闆本來是想升她當站長的，同事也都很喜歡她……我不知道月淑發生什麼事，但是，月淑的手機後來一直都沒有人接了……」

當我鼓起勇氣，撥打月淑的手機，已經成為空號。

一組再也沒有人接聽的號碼，寫在桌前的便利貼上，隨著時間不斷褪色泛黃。

今天，那串數字還在原處，一組再也沒有人接聽的號碼。

Q&A 要怎麼樣才能夠做一個觀護人

①問：要怎麼樣才能夠做一個觀護人呢？

答：早期是高考及格，現在則必須通過司法三等特考。然後在司法官訓練所接受訓練，以及分發地檢署的實務訓練，均合格之後，才能夠正式成為一名有法律認證的觀護人。

①問：司法三等特考感覺起來很難，我要怎麼樣才能夠參加這個考試？

答：司法特考的確是有相當的難度，與檢察官、法官這樣的司法官一樣等級的三等司法特考，錄取率的確不高，但是好消息是觀護人類科接納英雄來自四面八方，沒有限定相關科系，只要大學以上、不限科系都可以報考，換句話說，真的有意願成為一名觀護人，不管你是念文法商或者資訊科技土木工程大家都可以來考試。目前全國現職觀護人也有很多來自不同相關科系，考上了觀護人的表現都非常值得肯定。所以，並不是大家想像中只有法律、犯罪、心理、諮商、社工這類相關科系才能夠做一個優秀觀護人，我自己確實也不是相關科系，換句話來說，以生物學的多樣性角度來看，觀護人背景的多元化，其實有助於整體觀護人環境發展；對於個案來說，不同領域的觀護人也常常帶給他們更好的觀點，尤其是更廣闊的價值觀。

3

問：觀護人考試科目好像很難準備，我才剛畢業，有些學校老師教的死背硬記沒問題，可是真正考實例題目的時候，其實很心虛！該怎麼做才能讓自己有條有理的回答實務問題呢？

答：在演講的時候常常遇到，剛畢業的年輕朋友，的確是沒辦法想像我們的個案面臨什麼樣艱難的人生！以犯罪學為例，不斷地在討論毒品、暴力、性侵犯、殺人魔等等，但事實上真正來參加考試的同學們，很可能從來沒有見過這些人或者是這些犯罪物，更不可能體會犯罪的歷程，但是請大家不用過度擔心，並不是生過十個孩子就會變成優秀的婦產科醫生，而且有許多婦產科醫生事實上是男性、從來沒有生過小孩，對吧？我們不一定非得要實際接觸犯罪行為才能夠了解犯罪，也不是非得要跟性侵犯在同一屋簷下才能回答如何預防性犯罪，所以不用擔心自己不是相關科系、沒訪談過個案就寫不出好答案，況且，當年輕朋友跟這些前科犯對話之時，他們不見得會跟你說實話，對吧?!而且他們最擅長的技巧就是面不改色的說謊呢！也許談了半天都是七月半講鬼話喔……。但是，沒有會談機會或實務經驗的年輕朋友，必須盡其所能地了解人性在面對壓力的時候會有什麼反應，這就必須增加背景知識，並且有高能量的同理心，來設身處地的為對方著想，舉例來說，如果你處在他的環境、你擁有的只有他那麼少的資源，在那樣的壓力之下，你會做什麼樣的決定呢？用這樣的想法來思考就會比較貼切。

4

問：我已經離開學校好長一段時間，現在想要轉換跑道考觀護人，但是我沒有信心，要怎麼樣才能夠成功地轉換跑道呢？

答：靜下心來讀書當然是考試的不二法門，因為我自己不太會讀書，所以當年我是背水一戰，辭職備考的。但其他觀護人中也有優秀的人材是一邊工作、一邊考試也考上的，所以是否要離職或全心全心考試，涉及太個人化的人生判斷，無法一一分析，不過，平心而論，如果只是想當公務員而選擇考觀護人，就算考上也會很辛苦，倒不如是因為喜歡觀護人這個工作的性質才考這個公務員資格會比較幸福，考上之後適應工作也比較容易，況且這個年代的公務員即使有保訓會等資格保障卻也不是傳統印象中好棒的鐵飯碗啊！

5 問：觀護人的工作是否能視爲一種矯正犯罪的方式？

答：就我個人理念來說，是。但現實是，只有在某種程度上是。因為不是每一種、每一個犯罪都有被矯正或治療的機會，更不可能被一位受保護管束人都有意願改變自己的犯罪行為，所以不可能期待觀護人的出現猶如童話故事就的神仙教母，魔法棒指一指、金粉滿天飛，為非作歹的保護管束人就都變成好人了！所以接受現實的殘酷，是成功適應這個工作的第一步。

6

問：進行這種工作是否如同心理治療師，需要自我療癒？

答：真是一個直入我心中最痛之處的好問題啊！的確，這個工作最有價值之處正是最痛苦之處，有句話我隱藏至今不敢說，但如今我打算自白，我始終覺得，觀護人是用自己的靈魂去抵抗黑暗的腐蝕……。試想成天聽到的不是殺人放火就是強姦猥褻，好一點兒的就是找不到工作、被欺凌、被看不起、被排斥，傾聽受保護管束人面對的困難是觀護人的責任，所以沮喪與負面訊息佔每天對話量的九十％，這種工作環境之下，還會覺得陽光日日璀璨、相信天將是藍的、肯定雲是白的嗎？認真工作造成的結果是，更懷疑人性、更悲觀世界、更擔心被害人或受保護管束人所發生的慘劇發生在自己所愛之人身上，但最可怕的是，你自己即使知道這麼多，卻毫無辦法阻止它！我相信可能有某些心靈能量特別強勁、或是天性樂觀的觀護人，即使做了很久，仍然毫無倦勤地為受保護管束人付出，可惜的是，實際執行業務的觀護人到經驗純熟之時，常常已經被現實摧殘得心靈體無完膚，甚至身體也健康損傷，至少，我自己是如此。

7

問：反社會人格、缺乏人性的罪犯是最可怕的嗎？還是價值觀扭曲、成長環境嚴重不良的犯罪思維更可怕？

答：都恐怖！

這答案會不會太隨便？好吧，那認真一點回答。

在執業過程中，反社會人格與長期價值觀扭曲的受保護管束人，有時候很難區辨，況且，絕大多數的受保護管束人，在觀護人面前，就算不討好觀護人，至少也會想裝裝樣子，以獲得比較輕或比較寬的處遇，連裝樣子都不裝的受保護管束人其實少之又少，那麼，在無數偽裝的假象掩飾下，我又怎麼能判斷他是反社會人格與長期價值觀扭曲的可怕？或是他是DSM裏的哪一種的疾病呢？在前面的故事裏，反社會人格與長期價值觀扭曲的受保護管束人都分別出現了，看書的您，又覺得哪一種比較可怕呢？也許這是太見人見智的答案，也不適合做個民調來少數服從多數，但我真心覺得，掩飾真相是最可怕的，如果受保護管束人有心願意改變個性、拯救自己、重設人生，那麼即使是反社會人格也不是沒機會重新變成社會所接納的人，但，他本人願意嗎？

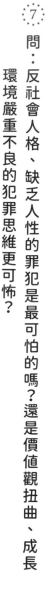

8

問：從上面那個答案，看起來觀護人有夠難做，到底怎樣才能改變這些以前一直都很壞的受保護管束人呢？

答：早期佛洛伊德時代，很強調心理治療要了解過去，並且「挖掘」出過去被傷害或造成創傷或偏差的原因，但是時代演進，學說也百花齊放地發展，我個人比較偏向現實治療，集中火力去解決受保護管束人現在、此刻面對的問題；過去已經發生過的事，沒辦法改變，過去已經做錯的選擇，沒機會重來，去想「之前」不如集中「現在」。不過，我並不是那種「以前的事忘記就算了」的態度，而是也會細細追問過去發生的案子、過去犯案的原因、過去經歷的環境，以抽絲剝繭，知道受保護管束人真正在乎的是什麼，以作為治療現在的處方籤。任何人都有自己真正在乎的人或事或物或價值，為了那個不為人知的心事，受保護管束人會痛哭流涕、會搥胸頓足，為此不惜一切，甚至，至死方休。然而觀護人知道那個心事是什麼嗎？就算他的至親家人恐怕也不知道！

試想，看書的你，你最愛的人，對方最痛或最重要的人事物是什麼？

很難回答吧?!

所以，觀護人最困難的是，找到受保護管束人內心最深處的核心，或者，至少環繞這個主題，努力讓受保護管束人往好的方向發展，至少是不犯罪、不傷人的方向發展。當你找到他人生的芯，集中火力去燃燒它，使它發光發亮，受保護管束人就自然而然從良向善，甚至綻放人性最昇華的光芒，這時我們只需要由衷發出讚嘆之聲就夠了，再也不用觀護人多說什麼了。

9 問：爲什麼人會犯罪？

答：我反而想問，為什麼人不會犯罪？

我最喜歡的哲學家叔本華曾經說過，只要情況許可，任何人都是想犯罪的。

惡性的念頭、不正的思維，其實時時刻刻都出現在人的腦海中，差別只在於有沒有實踐它。然而，要實踐犯罪也不是那麼容易的事，需要練習、需要時機、需要引導，所以，有些環境特別容易培養犯罪行為，有些環境特別容易阻止犯罪行為，有幸出生於平凡家庭的我們，其實是處在一種被保護的狀態下成長，當我們可能發生犯罪行為的時候，有家人、朋友、師長甚至鄰居阻止或引導我們。當我們若真獲得了實踐犯罪的機會，還有可能會想到讓父母蒙羞、親友不恥這種心理壓力，導致我們不敢去做壞事，或者是我們會擔心愛我們的人、我們所愛的人會因此哭泣，所以不想讓對方難過，而不願意去犯罪。可嘆的是，許多時候這種犯罪保護因子，完全不曾出現在我面前的受保護管束人身上，甚至他們曾眼眶裏泛著一層薄霧、輕聲地對我說：「老師，我能好好說句話的人，也就只有你了……。」至親好友家人都不存在或無法討論心事人生重要的決定該找誰傾訴？如此可嘆的心緒，是多麼的沉重！所以，相較之下，犯罪的選擇，也就在他們心中善惡的天平上，輕而易舉地獲得勝利了。

10 問：觀護人的工作訓練包含引導式問題嗎？會出現刑事偵查影劇中押人取供之類會出現的話術嗎？

答：我當年入行時的訓練課程並沒有包含引導式問題欸，不過，這的確是似乎應該早些教育菜鳥觀護人的課程啊！因為這個工作終將讓一位觀護人必須學會「問對問題」，只不過，用比較痛苦的方式學會、還是用比較容易的方式學會的差異而已。

所謂的「話術」受保護管束人，是欺騙他們使我自己獲得利益嗎？如果定義是這樣，答案是沒有。我的原則是不欺騙受保護管束人，但老實說，某些事避重就輕或避輕就重，仍然是必要之惡，有些事受保護管束人現在不需要知道，知道了反而有害他的更生之路，那麼我需要告訴他嗎？有些事受保護管束人現在應該要切記，有一點差池都會害了他的更生，那麼我強烈地誇大，可以嗎？

我過往的訓練的確對現在的工作很有幫助，收集資料、整理重點、掌握脈絡、問對問題。受保護管束人不會輕易開放自己，更不可能都講實話，但若有人願意接受傾吐，其實多數的受保護管束人會很想把自己的「豐功偉業」告訴我，否則我怎麼可能收集到這麼多的人生故事呢？

其實受保護管束人多數是社會生活的佼佼者，他們比一般人更能看得出、感覺得到觀護人是否虛應故事，所以，我不會騙他們，我也痛恨被騙。但是對我來說，如果「問對問題」才有可能得到正確答案，所以我會傾聽、會聰明地選擇問題、會正確地使用字彙，但絕不會預設立場地去問他們，就像今天去國外遊玩，你不可能預期一定看見什麼風景，如果受保護管束人的心，願意為我開放他人生的風景，那麼我所看見的我都會十分珍惜。

十全十美的十個問與答，剛剛好結束。最後，如果還有很多問題，那就期待也許還有下一本再見囉！

VIEW 141

監控危險心靈：穿透人性裂隙的觀護人筆記

作者 唐珮玲
主編 林正文
行銷企劃 鄭家謙
校對 林秋芬
封面設計 江麗姿
內文設計 江麗姿

董事長 趙政岷
出版者 時報文化出版企業股份有限公司
一〇八〇一九 台北市和平西路三段二四〇號七樓
發行專線 （〇二）二三〇六六八四二
讀者服務專線 〇八〇〇二三一七〇五
（〇二）二三〇四七一〇三
讀者服務傳真 （〇二）二三〇四六八五八
郵撥 一九三四四七二四 時報文化出版公司
信箱 一〇八九九 臺北華江橋郵局第九九信箱

時報悅讀網 http://www.readingtimes.com.tw
法律顧問 理律法律事務所 陳長文律師、李念祖律師
印刷 紘億印刷有限公司
一版一刷 二〇二四年二月二十日
定價 新台幣三八〇元
（缺頁或破損的書，請寄回更換）

時報文化出版公司成立於一九七五年，
並於一九九九年股票上櫃公開發行，於二〇〇八年脫離中時集團非屬旺中，
以「尊重智慧與創意的文化事業」為信念。

監控危險心靈：穿透人性裂隙的觀護人筆記 / 唐珮玲著 . -- 一版 . -- 臺北市 : 時報文化出版企業股份有限公司 , 2024.02
面； 公分

ISBN 978-626-374-927-6 (平裝)
1.CST: 觀護制度 2.CST: 通俗作品

589.88 113000980

ISBN 978-626-374-927-6
Printed in Taiwan